風味を活かした焼き菓子、生菓子から、ジャム、かき氷、デザートまで。
ベリーの種類・品種解説付き

JN024932

# お菓子

*A cake and dessert of the berry*

荒井昇（オマージュ）・遠藤淳史（コンフェクト-コンセプト）・金井史章（アンフィニ）・川手寛康（フロリレージュ）・
栗田健志郎（アトリエ ブレ）・小山千尋（ティトル）・昆布智成（昆布屋孫兵衛）・髙橋雄二郎（ル・スプートニク）・田中俊大（VERT）・
長屋明花（ル・スプートニク）・中山洋平（エクラデジュールパティスリー）・濱村浩（オマージュ）・平野智久（公園と、タルト）・
宮木康彦（モンド）・山内敦生 山内ももこ（菓子工房ichi）・やまだまり（菓子屋マツリカ）・渡邊世紀（パティスリーシエクル）

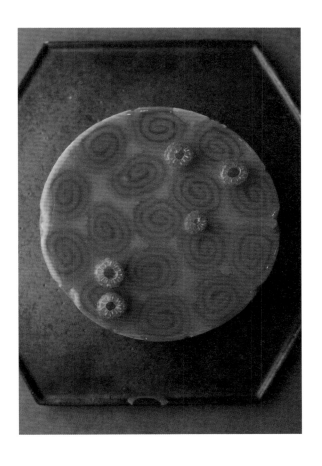

プロのノウハウと知識を徹底解剖。
レシピ制作の視点ががらりと変わる

# CONTENTS

## ベリーの基礎知識

*Chapter 1*
# ベリーの生菓子

### イチゴの生菓子

### イチゴ×スポンジ生地の定番菓子

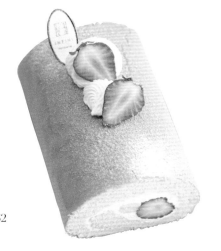

### フランボワーズの生菓子

## その他のベリーの生菓子

### ［ブルーベリー］

### ［ブラックベリー］

### ［フサスグリ］

### ［クランベリー］

### ［食用ホオズキ］

### ［ミックスベリー］

*Chapter 2*

# ベリーの焼き菓子、コンフィズリー

## *Chapter 3*
# ベリーの氷菓、デザート

### パティスリー、デザート専門店の氷菓とデザート

### レストランのデザート

**本書を使う前に**

● バターはとくに表記のない場合、無塩バターを使います。

● 板ゼラチンは材料表の分量を計量し、冷水でふやかしてしっかりと絞り水気をとったものを使います。

● 材料の生クリームの（%）は乳脂肪分です。

● 全卵、卵白、卵黄はとくに表記のない場合、ほぐしたものを使います。

● 材料は指定のある場合、商品名を記載しています。

● ミキサーボウルに材料を入れ、その後の作業で「泡立てる」「立てる」とありとくにアタッチメントの指定がない場合、ミキサーのアタッチメントは泡立て器です。

● 液体を「沸かす」場合、沸騰させます。

● 各菓子・デザートで複数のパーツを「作りやすい分量」としている場合、必ずしも同じ個数の菓子・デザートに使う量ではありません。

● オーブンはとくに表記のない場合、加熱温度に予熱しておきます。

● オーブンの温度や加熱時間は目安です。使う機種や機器のクセに合わせて調節してください。

# ベリーの基礎知識

# ベリーとは

植物学上の「ベリー」には、一般にベリーとして親しまれていない素材が含まれ、たとえばバナナやメロンなどは「ベリー」です。また、ベリーの代表ともいえる果実の一部、たとえばイチゴやブラックベリーなどは「ベリー」ではありません。

本書では、そうした植物学の区分から離れ、一般にベリーとして親しまれる素材——イチゴやフランボワーズ、ブルーベリー、ブラックベリーなど、小さく果汁を多く含む果実——を取り上げ、18人のパティシエ、シェフによるベリーのお菓子とデザートを紹介します。

菓子の素材として身近なベリーのほか、菓子の世界では新顔のベリーや、旬の一時だけ手に入るベリーなど、さまざまなベリーの菓子を掲載しました。
本書が読者の方の菓子作りの一助となれば幸いです。

# イチゴ

*Strawberry*（英）／ *fraise*（仏）

## DATA

| | |
|---|---|
| 原産地 | 北アメリカ、ヨーロッパ |
| 科 | バラ科 |
| 日本のおもな産地 | 栃木、福岡、熊本、愛知、静岡など |
| 国産出回り期 | 11月〜5月、6月〜11月頃（夏イチゴ） |

イチゴの実は、花を支えていた花托と呼ばれる部分が肥大したもの（偽果）で、本来の実はタネに見える粒々。その中に1粒ずつタネが入っており、タネが多いほど偽果が肥大する。また、イチゴの実には多数の香気成分が含まれており、学名が「Fragaria × ananassa（パイナップルの）」となったのは、パイナップルのような強い香りなどに由来するといわれる。

本来のイチゴの旬は初夏だが、日本では促成栽培が主流で、11月頃から翌年の4、5月頃までが収穫期となる。促成栽培をする大きな理由は、収穫時期を前倒しすることで通年の需要にこたえるためで、とりわけ需要の高いクリスマス時期は流通量が増える。

本来初夏に実をつけるイチゴは、前年の秋に、一日の日照時間が短くなる、低温になるといった複数の気象条件下で実をつける準備に入る。そして、冬を越して春になり日照時間が増え気温も上がるなどの条件が揃うと花を咲かせ、実をつける。こうした外的な条件を人工的にコントロールして早い時期に結実させるのが促成栽培で、結実に必要な日照時間、気温等は品種により異なる。現在日本で登録されている品種数はおよそ300種にも及ぶといわれ、土地の気候に合わせた品種を選ぶことで、北海道から沖縄まで、日本各地でイチゴが栽培されている。また、夏から秋にかけては輸入品のほか、北海道や長野など国内の冷涼地で四季なりの品種を用いて夏秋に収穫する「夏イチゴ」が流通する。

## 日本のイチゴ栽培の歴史

イチゴの野生種は世界中に分布するが、現在の栽培品種はアメリカ東部原産のイチゴと、アメリカ西海岸などが原産のイチゴをヨーロッパで交配したものがもとになっているといわれる。

日本に最初に栽培品種がもたらされたのは江戸時代末期といわれているが、これは商業的には定着せず、本格的に栽培が始まったのは明治時代以降。農学者である福羽逸人がフランスで育成されたイチゴの種子から1880年に作出した品種「福羽」からはじまったとされる。福羽逸人は当時からイチゴの促成栽培を実施した人物でもあり、「福羽」は1980年代まで日本の代表的な促成栽培用品種として栽培された。国内のイチゴ栽培産地は第二次世界大戦前までに北海道から九州まで広がり、戦争により一時生産が減少し、戦後は再び拡大。1960年代以降は施設（ハウス）栽培の普及や新品種の導入、結実までのイチゴの生理メカニズムの研究の進展により生産は急拡大した。その後、より促成栽培に適した品種開発は進み、1980年代に「とよのか」や「女峰」、1996年には「とちおとめ」、2005年に「あまおう」などが登場。現在もより魅力的な食味や流通性の向上を目指し、新たな交配が試みられている。

# 本書で使用した
# 主なイチゴの特徴

## とちおとめ

**育成地・機関**　栃木県
**交配種**　久留米49号×栃の峰
**季性**　一季なり

甘味と酸味のバランスのよさから長年人気を保ち、栃木県を筆頭に東日本で多く栽培される。なお栃木県は2018年に「とちおとめ」の後継をめざし「とちあいか」を開発。とちおとめに比べ糖度が高く酸度はやや低い傾向で病気への強さや栽培流通のしやすさを改良している。

## 紅ほっぺ

**育成地・機関**　静岡県
**交配種**　章姫×さちのか
**季性**　一季なり

「章姫」の香りと糖度、「さちのか」のコクと酸味を受け継ぐ。果肉がしっかりとし、芯まで赤みが強い傾向がある。

## やよいひめ

**育成地・機関**　群馬県
**交配種**　（とねほっぺ×とちおとめ）×とねほっぺ
**季性**　一季なり

大粒で甘みとすっきりとした酸味のバランスがよく、果肉がしっかりとしている。品種名の由来は「シーズンが終わりに近づく3月(弥生)でも高い品質を維持する」ことから。

## ゆめのか

**育成地・機関**　愛知県
**交配種**　久留米55号×系531
**季性**　一季なり

ジューシーで、じゅうぶんな甘さとほどよい酸味によるすっきりとした味わい。品種名の由来は「みんなの夢が叶うおいしいイチゴ」。

## あまおとめ

**育成地・機関**　愛媛県
**交配種**　とちおとめ×さがほのか
**季性**　一季なり

香りが豊かで、甘味が強く酸味は控えめ。整った円錐形で、20g以上の大粒になりやすい。

## さちのか

育成地・機関　福岡県
交配種　とよのか×アイベリー
季性　一季なり
甘味と酸味のバランスがよく、果肉がしっかりしている。イチゴの中でもビタミンC含有量が多いとされる。

## 福岡S6号（あまおう）

育成地・機関　福岡県
交配種　久留米53号（とよのか×てるのか）×育成系統（久留米49号×さちのか）※久留米49号…とよのか×女峰の交配種
季性　一季なり
福岡県農業総合試験場が5年をかけて開発した品種で、甘味が強く大粒のものが多い。「あまおう」は登録商標。

## おいCベリー

育成地・機関　福岡県（九州沖縄農業研究センター）
交配種　9505-05×さちのか
季性　一季なり
イチゴの中でもビタミンC含有量が高く、果肉がしっかりとしてコクのある甘味と酸味のバランスもよい。「晴苺（はれいちご）」は岡山県内でマニュアルに沿って栽培されたおいCベリーのブランド名。

## 雪うさぎ

育成地・機関　佐賀県
交配種　非公開
季性　一季なり
突然変異で生まれた白いイチゴをもとに品種改良した白イチゴ。「唐津スノーベリー協会」に所属する5名の生産者のみが栽培。さっぱりとした果実感があり酸味は穏やか。

## すずあかね

育成地・機関　ホクサン株式会社（北海道）
交配種　非公開
季性　四季なり
夏秋の収穫に適する品種で、6〜11月頃業務用を中心に出回る。はっきりとした爽やかな酸味と適度な甘味がある。丸みをおびた円錐形が特徴的。

## サマーリリカル

育成地・機関　長野県
交配種　非公開
季性　四季なり
2021年に登録された品種で、出回りは6月〜11月頃の夏イチゴ。はっきりとした酸味が特徴のすずあかねに比べ、甘味と酸味のバランスがほどよい。長野県内でのみ栽培される。

# ラズベリー
*raspberry*（英）／*framboise*（仏）

DATA

| | |
|---|---|
| **原産地** | 北アメリカ、ヨーロッパ |
| **科** | バラ科 |
| **日本のおもな産地** | 関東地方以北（秋田、山形、北海道、長野など） |
| **国産出回り期** | 6〜9月頃 |

小核果と呼ばれる小さな果実の集合体で、中央は空洞になっており、各小核果にひとつずつタネが含まれる。生はアメリカ、ヨーロッパ、ニュージーランドなどからの輸入品が通年流通。国産は初夏から秋にかけて収穫されるが流通量は少ない。実は熟すとガク（ヘタ）からかんたんにとれるため多くはガク無しで出回る。1粒2〜5g程度のものが一般的だが、10g程度の大粒になる品種もある。赤色が一般的だが、黄、黒、紫などの色バリエーションがある。

# ブラックベリー
*blackberry*（英）／*mûre*（仏）

DATA

| | |
|---|---|
| **原産地** | 北アメリカ、ヨーロッパ |
| **科** | バラ科 |
| **日本のおもな産地** | 青森、秋田、熊本など |
| **国産出回り期** | 6〜8月頃 |

果実は黒色のほか、赤色のものもある。現在の栽培品種はおもに北アメリカの自生種が改良されたもので、病害虫に強く、無農薬で育てやすいとされる。比較的温暖な気候を好み、国内ではおもに東北で栽培されるほか、熊本県でも栽培される。木になるタイプのほか、ツル性のものもあり、ツル性のものは「デューベリー」とも呼ばれる。雑種や変種が多く、日本では主にピュレで出回るタイベリーはブラックベリーとラズベリーの交配種。

# ブルーベリー

*blueberry*（英）／ *myrtille*（仏）

DATA

| | |
|---|---|
| 原産地 | 北アメリカ |
| 科 | ツツジ科 |
| 日本のおもな産地 | 東京、群馬、長野など多数 |
| 国産出回り期 | 6月〜9月 |

品種は100を超えるといわれ、日本で栽培されるのはそれぞれ栽培適地の異なる「ノーザンハイブッシュ系」「サザンハイブッシュ系」「ラビットアイ系」の3種が主。それらを掛け合わせたハイブリッド系もある。味の特徴はおおまかにはノーザンハイブッシュ系が酸味と甘みのバランスがよく、サザンハイブッシュ系は甘みに富み、ラビットアイ系は酸味が穏やかといわれるが、品種により異なる。また、サイズや食感、香り、色味も品種の個性による。

## ブルーベリーの系統

### ノーザンハイブッシュ系

アメリカ北部原産の寒冷地での栽培に向いた系統で、関東以北から北海道南部までが栽培可とされる。
出回り期：6〜7月
●品種例
リバティ…大粒で酸味と甘みのバランスがよく、ジューシー
ドレイパー…大粒で、パリッとした食感で甘く果実味に富む
アーリーブルー…収穫時期が特にはやく、甘味と酸味のバランスがよい　など

### サザンハイブッシュ系

ノーザンハイブッシュ系を改良した品種で、冬に温暖な地域での栽培に適する。東北南部から沖縄まで栽培可とされる。
出回り期　6〜7月
●品種例
ユーリカ…500円玉大になるジャンボサイズで、パリッとした食感
トワイライト…ごく大粒で甘みと酸味のバランスがよい
メドーラーク…大粒で香りがよい　など

### ラビットアイ系

アメリカ島南部原産とされ、冬に温暖な気候の土地で栽培しやすい。熟す過程で果実がピンクに色づくことからラビットアイの名前が付いたといわれる。
出回り期：7〜9月
●品種例
クレイワー…ジャンボサイズで、甘味が非常に強く果肉がなめらか
タイタン…ジャンボサイズで、パリッとした食感
フロリダローズ…コーラルピンク色の果皮で、酸味がおだやか　など

### ハイブリッド系

ハイブッシュ系とラビットアイ系の交配種。
出回り期：6〜9月で品種による
●品種例
ピンクレモネード…ピンク色の果皮で、レモネードのようなさわやかな酸味と甘みがあるといわれる。出回り期は6月下旬から7月上旬

# フサスグリ

*currant*〈英〉
*groseille*〈赤、白〉*cassis*〈黒〉（仏）

**DATA**

| | |
|---|---|
| 原産地 | ヨーロッパ |
| 科 | スグリ科（ユキノシタ科に分類されることもある） |
| 日本のおもな産地 | 青森、北海道など |
| 国産出回り期 | 6〜7月頃 |

酸味が非常に強いため、ジャム、果実酒などの加工
に好まれる。また、小粒で皮や種の占める割合が多
いことからペクチンを豊富に含む。赤、白（本書レシ
ピでは赤スグリ、白スグリと表記）、黒（本書レシピ
ではカシスと表記）のほかピンク色のものもある。
いずれも冷涼な土地を好み、青森、北海道、岩手が
生産量のほぼすべてを占める。また、黒スグリに関
して青森県は早くから本格的な栽培に取り組み、ブ
ランド化を図っている。

赤フサスグリ

白フサスグリ

黒フサスグリ

# グースベリー

*gooseberry*（英）／ *groseille à maquereau*（仏）

DATA

| | |
|---|---|
| **原産地** | 北アメリカ、ヨーロッパ |
| **科** | スグリ科（ユキノシタ科に分類されることもある） |
| **日本のおもな産地** | 北海道、長野など |
| **国産出回り期** | 6〜7月頃 |

フサスグリの仲間だが、フサスグリよりも実が大きく、房状にはならず枝にすずなりに実る。「マルスグリ」「セイヨウスグリ」などの呼び名もある。青いうちは酸味が強く、加工に向く。熟すと赤紫色になり、酸味が抜けてくるため生食にも向く。ヨーロッパではソースや菓子に加工されたほか、19世紀イギリスでは食用のほか園芸植物としても人気が高まり多数の品種が生まれ品評会が盛んに行われた記録がある。

# クランベリー

*cranberry*（英）／ *canneberge*（仏）

DATA

| | |
|---|---|
| **原産地** | 北アメリカ |
| **科** | ツツジ科 |
| **日本のおもな産地** | — |
| **国産収穫期** | 9〜11月頃 |

日本では寒冷地に自生し、北海道などで自生種の栽培に向けての取り組みも見られるが流通はほぼなく、ほとんどがアメリカ産などの輸入品で、冷凍、乾燥、ジュースなどの加工品が出回る。酸味が強いためジャムやソースなどに加工されることが多い。原産地である北アメリカでは家庭料理にもなじみの食材で、19世紀初頭までは野生のものを摘んで使うのが普通だったが、その後栽培方法の発見により産業に発展したといわれている。

# 食用ホオズキ

*ground cherry, cape gooseberry,*
*golden berry*（英）
*physalis*（仏）

DATA

| | |
|---|---|
| **原産地** | 南米 |
| **科** | ナス科 |
| **日本のおもな産地** | 秋田、北海道、長野、新潟、愛知など |
| **国産出回り期** | 7〜10月頃（春に収穫するタイプもある） |

観賞用のホオズキとは異なる食用品種。糖度が高く「フルーツホオズキ」などと呼ばれるタイプは甘酸っぱくトロピカルフルーツのような華やかな香りと風味をもち、ジューシーで種のプチプチとした食感がある。日本国内では秋田県上小阿仁村がいちはやく食用ホオズキの産地化への取り組みを始めたことで知られる。ヨーロッパでは古くから食用種が盛んに栽培され親しまれてきた。「トマティーヨ」など糖度が低く野菜として食されるタイプもある。

# クワの実

*mulberry*（英）／ *mûrier*（仏）

DATA

| | |
|---|---|
| **原産地** | 中国北部、朝鮮半島 |
| **科** | クワ科 |
| **日本のおもな産地** | 日本全国に自生 |
| **収穫期** | 6〜7月頃 |

葉を蚕のエサにするため、日本で古くから栽培されてきた樹木で、日本全国の山地などに広く自生もする。西アジアや地中海付近でもベリー類として実が食されてきた。日持ちがよくないため流通はごく少ない。食味は穏やかな甘味とかすかな酸味があり、生食に向くほか、ジャム、果実酒などに利用される。なお、実はガクが肥大化した小さな粒の集合体。

# 主な国産ベリーの出回り期一覧

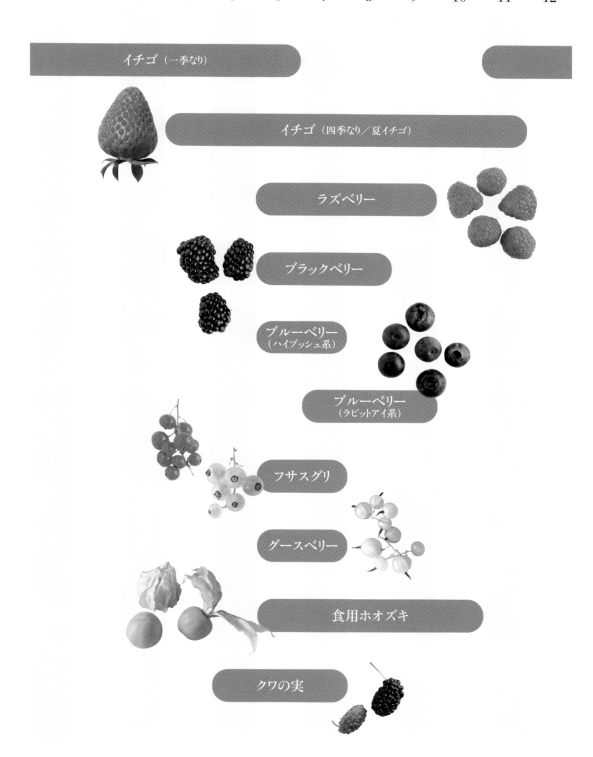

| 1 | 2 | 3 | 4 | 5 | 6 | 7 | 8 | 9 | 10 | 11 | 12 |

イチゴ（一季なり）

イチゴ（四季なり／夏イチゴ）

ラズベリー

ブラックベリー

ブルーベリー（ハイブッシュ系）

ブルーベリー（ラビットアイ系）

フサスグリ

グースベリー

食用ホオズキ

クワの実

ベリーの基礎知識

# 地元の素材で菓子をつくる

## 素材に恵まれた環境をいかして

渡邊世紀
パティスリーシエクル（栃木県宇都宮市）

「栃木県産の果物にはよい素材がたくさんあると修業時代から感じていて、将来は地元の素材を使ってお菓子を作りたいと自然と思うようになりました。独立にあたり仕入れ先の農家さんを探し、そこでまた別の農家さんを紹介していただいたりもして、おつき合いが増えていきました。果物によってはその日に摘まれたものを農家さんまで受け取りに行くので、やはり鮮度はいいですし、直接仕入れると、素材について農家さんに直接聞けて、それが新しい菓子作りのヒントにもなります。栃木の果物で有名なのはとちおとめですが、ほかにもいろいろなベリーを作っていますし、マンゴーやバナナづくりに取り組んでいる農家さんもいます。素材に恵まれた環境をいかして、新しい菓子を作っていきたいです」

## 産地ならではの鮮度と完熟のおいしさ

山内敦生・山内ももこ
菓子工房ichi（愛知県稲沢市）

「私たちは関東の菓子店で長く働いて、独立にあたり（敦生氏の）地元の愛知県に戻ってきました。そのときに一番驚いたのが、イチゴの鮮度のよさ。午前中に集荷されたものが夕方には届いて、パックの底にあたって傷んでいる、などがまったくない。また、産地ならではの完熟を摘んだものが手に入るのでやっぱりおいしく、菓子にしても味がいきいきとしています。うちではこの地元産のイチゴを、夏の間も使えるようにストックします。イチゴのシーズンが終盤にさしかかったら、

必要な量を買って砂糖に漬け込んで冷凍しておくんです。それをソースやコンフィズリーにして、一年を通してイチゴのメニューを出しています。将来は自分たちの畑でも、ラズベリーなどを育てて菓子に使うのが夢です」

## 生産者との無理なく続く関係づくり

栗田健志郎
アトリエ ブレ（長野県松本市）

「店で使う果物は、長野産を中心に他県も含めて25軒くらいの農家さんから直接仕入れています。素材は届けてもらったり、受け取りに行って畑の様子を見学したり。そういう交流がとても楽しいし、素材を作る人、使う人が、お互いを知ることは大事だと思っています。夏イチゴは開業時から地元産を使っていて、品種が2つあるのですが、どちらも安定的に収穫できるとは限らないので品種は指定しません。夏イチゴのソルベ（p.135）は、農家さんにとって販売しづらい傷があるものや形が不揃いなものを使いたい思いがあり、作り始めました。傷があるものも商品となって、お互いが助かるという関係づくりをしたい。無理なく長く続くおつき合いから、うちの店らしい菓子も生まれるといいなと思います」

## 素材の味わいが落ちない距離で

やまだまり
菓子屋マツリカ（兵庫県神戸市）

神戸・元町の食材店で働いた時に、日本各地のこだわって作られた農作物や食品について教えてもらい、地産地消に興味がわきました。「菓子屋マツリカ」としてお菓子を販売し始めたのもその頃です。出店先のひとつが、「EAT LOCAL KOBE」という

ファーマーズマーケット。神戸市内から農家さんやお店が集まる朝市で、自分も参加しながら、生産者の方々と交流を持つようになりました。そこで出会ったのが、竹内さんの「おいCベリー」（p.115）。その後もいろいろなイチゴを食べたけれど、やっぱりこれがおいしくて、使い続けています。私が使う素材はそうやって出会ったものばかりです。その鮮度が失われないうちにお菓子にして、お近くの方においしいうちに食べていただくことが今のテーマです」

*Chapter*

*1*

———

# ベリーの生菓子

# Strawberry

### イチゴの生菓子

## タルトレットフレーズ

### 昆布智成

ムースはイチゴとフランボワーズを合わせたもので、
センターにベルガモットのジュレ。
イチゴと同じベリー系のフランボワーズの酸味と、
爽やかで明るい印象の柑橘の酸味で、
二方向から甘いイチゴのフレーバーの輪郭をつくり、
主役の素材感を際立たせる。

[主な構成要素]
（下から）パートシュクレ、
アーモンドクリーム、ムース
フリュイルージュ
（センター）ジュレベルガ
モット
（ムースの外）イチゴ、食用花

## パートシュクレ

材料（作りやすい分量）
バター …… 250g
A ┌ 粉糖 …… 140g
  └ 塩 …… 2g
全卵 …… 80g
B ┌ アーモンドパウダー …… 60g
  └ 薄力粉 …… 400g
＊Bは合わせてふるっておく。

作り方
1 ボウルにバターを入れて泡立て器で均一にやわら
  かくなるまで練り、Aを加えて白っぽくなるまです
  り混ぜる。
2 全卵を少しずつ加えて混ぜ、乳化させる。
3 Bを加えてゴムベラで切り混ぜ、まとめてラップで
  包み、冷蔵庫で一晩おく。

## アーモンドクリーム

材料（作りやすい分量）
A ┌ バター …… 100g
  └ 粉糖 …… 100g
全卵 …… 100g
アーモンドパウダー …… 100g

作り方
1 ミキサーボウルにAを入れ、ミキサーのビーターで
  均一になるまで撹拌する。
2 1に全卵を少しずつ加えながらさらに撹拌し、乳化
  させる。
3 2にアーモンドパウダーを加え、均一になるまで撹
  拌する。

## ジュレベルガモット

材料（直径2cmの球形型30個分）
A ┌ ベルガモットピュレ …… 50g
  │ 水 …… 20g
  │ グラニュー糖 …… 10g
  └ ナパージュ 20g
板ゼラチン …… 2g

作り方
1 鍋にAを合わせて火にかけて沸かし、火を止めてゼ
  ラチンを加え、溶かす。
2 1を型に等分に流し入れ、冷凍する。

## ムースフリュイルージュ

材料（50個分）
A ┌ イチゴピュレ …… 110g
  │ フランボワーズピュレ …… 110g
  └ グラニュー糖 …… 30g
板ゼラチン …… 10g
生クリーム（35％）…… 290g

作り方
1 鍋にAを合わせて火にかけ、沸かしてグラニュー糖
  を溶かし、火を止める。
2 1にゼラチンを加えて溶かし、氷水にあてて混ぜな
  がら20℃に冷やす。
3 ボウルに生クリームを入れて8分立てにし、2を加
  えてすくい混ぜる。

## ナパージュ

材料（作りやすい分量）
ナパージュヌートル …… 100g
フランボワーズピュレ …… 10g

作り方
すべての材料を混ぜ合わせる。

## その他

イチゴ、食用花

## ⇥組み立て⇤

1 パートシュクレを2mmの厚さにのばし、直径4cmの
  タルトレット型に敷き込む。
2 丸口金をつけた絞り袋にアーモンドクリームを入
  れ、1の上にすりきり程度まで絞り、160℃のコン
  ベクションオーブンで15分焼き、冷ます。
3 直径4cmの球形シリコン型にムースフリュイルー
  ジュを8分目まで入れ、型から外したジュレベルガ
  モットを埋め込み、冷凍する。
4 3を型から外して網にのせ、ナパージュをかける。
5 2の上に4をのせ、スライスしたイチゴを側面には
  りつける。上部に食用花を飾る。

# サマーリリカルのフレジエ

## 栗田健志郎

「夏イチゴの比較的ダイレクトに感じる強い酸味」をいかした夏のフレジエ。
通常クレームムースリーヌを使うところ、牛乳を主体にマスカルポーネを配合したクレムーを使用。
ミルキーな風味でフレジエらしいコクと酸味のバランスをとりながら軽さを表現する。

**［主な構成要素］**
（下から）ジェノワーズオザマンド、マダガスカルバニラのクレムー、イチゴ（サマーリリカル）、ジェノワーズオザマンド、コンフィチュールフリュイルージュ、イチゴ（サマーリリカル）

# ジェノワーズオザマンド

**材料**（60cm×40cmの天板1枚分）

A ┌ 全卵（冷蔵庫から出してすぐの冷たい状態）…… 550g
　└ グラニュー糖 …… 198g
中力粉 …… 225g
自家製タンプルタン◆ …… 400g
発酵バター …… 110g
◆自家製タンプルタン…アーモンドの皮つきホール1に対しグラニュー糖1を合わせ、フードプロセッサーで粉砕する。
＊発酵バターは溶かしてボウルに入れ50℃にしておく。

**作り方**

1　ミキサーボウルにAを入れて混ぜ、ミキサーの高速で11分ほどじゅうぶんに泡立てる。
2　1のボウルをミキサーから外し、タンプルタンを数回に分けて加えながら手で混ぜる。続いて中力粉を加えながら粉気がなくなるまで混ぜる。
3　溶かしバターを入れたボウルに2の一部を加え、泡立て器で混ぜて均一にする。これを2に混ぜながら戻し入れ、均一になるまでしっかりと混ぜる。
4　ベーキングシート（パピエキュイッソン）を敷いた天板に3を流し、パレットナイフでならす。
5　185℃のコンベクションオーブンで11分焼き、急速冷却機で冷やす。

# マダガスカルバニラのクレムー

**材料**（20cm×20cm×高さ5cmのカードル1台分）

バニラビーンズ（マダガスカル産）…… 1本
A ┌ 牛乳 …… 300g
　│ マスカルポーネ …… 75g
　└ グラニュー糖 …… 140g
板ゼラチン …… 14g
生クリーム（45%）…… 600g

**作り方**

1　バニラビーンズをさいて種をこそげ取り、サヤとともに鍋に入れ、Aを加えて火にかけ、81℃まで加熱する。火を止めて落としラップをし、5分おいて風味を移す。
2　1にゼラチンを加えて溶かし、ボウルに漉し入れてブレンダーで撹拌する。氷水にあてて混ぜながら32℃まで下げる。
3　ミキシングボウルに生クリームを入れ、ミキサーで7分立てにする。
4　2に3を3回に分けて加えて混ぜる。1、2回目は泡立て器で下からすくうように混ぜ、3回目はゴムベラでさっくりと、混ぜ残しがないように混ぜる。

# コンフィチュールフリュイルージュ

**材料**（作りやすい分量）

A ┌ イチゴ（冷凍でも可）…… 200g
　│ フランボワーズピュレ …… 200g
　│ フランボワーズホール
　└ もしくはブリゼ（冷凍でも可）…… 167g
B ┌ グラニュー糖 …… 400g
　│ トレハロース …… 68g
　└ HMペクチン …… 5g
＊Bは混ぜておく。

**作り方**

1　銅鍋にAを入れて中火にかけ、50℃まで加熱する。
2　1にBを木ベラで混ぜながら加える。加え終わったら強火にし、混ぜながら加熱し、沸騰したらごく弱火にして3分ほど加熱を続け、火を止める。
3　2をブレンダーで撹拌し、保存容器に移し、落としラップをして冷蔵庫で冷やす。

# その他

イチゴ（サマーリリカル）

# ＞組み立て＜

1　ジェノワーズオザマンドを20cm×20cmにカットし、1.3cmの厚さに揃える。1台に2枚使用する。
2　1を20cm×20cm×高さ5cmのカードルに焼き目を上にして1枚敷き込み、マダガスカルバニラのクレムーを3分の1量流し入れ、カードでならす。
3　イチゴのヘタを取り、2の上に隙間なく立てて並べる。
4　残りのマダガスカルバニラのクレムーのうち100gを取り置いて1cmの丸口金をつけた絞り袋に入れ、3のイチゴの隙間を埋めるように絞り、パレットナイフでならす。
5　4に1を焼き目を下にして1枚のせ、かるく押してクレムーと密着させ、上面に取り置いたマダガスカルバニラのクレムー100gをぬる。冷蔵庫で数時間から一晩冷やし固める。
6　5の上面にコンフィチュールフリュイルージュ適量をぬり、カードルを外し、9.5cm×3cmにカットする。カットしたイチゴをのせる。

安曇野産サマーリリカル。果肉がしっかりとしてみずみずしく爽やかな酸味がある。

# きなこのフレジエ

### 昆布智成

「ナッツと豆は近しい素材。また、きなこの香ばしさはクレームオブールに混ぜ込むと
プラリネのように感じる」と昆布氏。定番のイチゴとピスタチオの組み合わせにきなこを加え、
味わいの奥行きを出すとともに和のニュアンスのある新たなフレジエを表現する。

23

[主な構成要素]
（下から）ビスキュイピスターシュ、クレームオブールきなこ、イチゴ、ビスキュイピスターシュ、スイスメレンゲ、ピスタチオパウダー、イチゴ

## ビスキュイピスターシュ

**材料**（60cm×40cmの天板1枚分）

A 「 アーモンドペースト …… 160g
　└ ピスタチオペースト …… 65g
B 「 全卵 …… 80g
　└ 卵黄 …… 90g
C 「 卵白 …… 200g
　└ グラニュー糖 …… 160g
D 「 コーンスターチ …… 40g
　└ 薄力粉 …… 40g
バター …… 30g

＊Bは混ぜておく。
＊Dは合わせてふるっておく。
＊バターは溶かしておく。

**作り方**

1 ミキサーボウルにAを入れてミキサーのビーターで撹拌し、混ざったらBを少しずつ加えて白っぽくなるまで撹拌する。
2 別のミキサーボウルにCを入れてミキサーで泡立て、しっかりとしたメレンゲを作る。
3 1に2の半量を加え、ゴムベラでしっかりと混ぜる。Dを加えてさっくりと混ぜ、残りの2を加えてさっくりと混ぜる。
4 バターを加えてすくい混ぜ、オーブンシートを敷いた天板に流し、220℃のオーブンで18分焼く。

## アンビバージュ

**材料**（約1台分）
ボーメ30°シロップ …… 50g
キルシュ …… 50g

**作り方**
すべての材料を混ぜる。

## クレームオブールきなこ

**材料**（約1台分）
牛乳 …… 180g
A 「 卵黄 …… 140g
　└ グラニュー糖 …… 170g
バター …… 900g
卵白 …… 100g
B 「 グラニュー糖 …… 200g
　└ 水 …… 66g
きなこ …… 適量

**作り方**

1 鍋に牛乳を入れ、火にかけて沸かす。
2 ボウルにAを入れて泡立て器ですり混ぜ、1を加えて混ぜ、鍋に戻して火にかけ、混ぜながらとろみがつくまで炊く。
3 2を40℃くらいまで冷ましてミキサーボウルに移し、バターを加えて白っぽくなるまでミキサーで泡立てる。
4 別のミキサーボウルに卵白を入れてミキサーで泡立てる。
5 鍋にBを入れて火にかけ、118℃のシロップにする。4にシロップを少しずつ加えながらさらに泡立て、イタリアンメレンゲを作る。
6 3に5を加えて均一になるまで撹拌する。
7

きなこを加えて均一になるまで撹拌する。

## スイスメレンゲ

**材料**(作りやすい分量)
卵白 …… 100g
グラニュー糖 …… 200g

**作り方**

1

ミキサーボウルにすべての材料を入れ、湯煎にかけて手で泡立てながら50℃まで上げる。

2

1をミキサーにセットしてさらにしっかりと泡立て、スイスメレンゲにする。

### その他

ピスタチオパウダー、イチゴ、アリッサムの花

## ÷組み立て÷

1　ビスキュイピスターシュを18cm×18cmに2枚切り出す。

2

1のうち1枚の焼き色がついた面にアンビバージュをハケで打つ。

3

2の角を四角いカードルの内側の一角にあてて置き、クレームオブールきなこを適量のせ、パレットナイフで薄くのばす。

4

3の上にヘタを取ったイチゴを隙間なく立てて並べる。

5

丸口金をつけた絞り袋にクレームオブールきなこを入れ、イチゴの隙間と上に絞る。

6

パレットナイフでならす。

7

残りの1の焼き色が付いた面を下にして6にのせ、軽く押さえて密着させる。

8

上面にアンビバージュをハケで打つ。

9

8のビスキュイの上にスイスメレンゲをのせてパレットナイフで薄くのばす。

10

ピスタチオパウダーを茶漉しでふる。

11

イチゴの断面が見えるように四方を切り落とす。

12

イチゴをのせ、アリッサムの花を飾る。

# プランタンフレーズ

**金井史章**

イチゴを主役に、桜の葉の塩漬けと同じ香気成分を持つトンカ豆を合わせて春を表現。
また、トンカ豆特有のまったりとした香りでイチゴのやさしく甘いフレーバーをふくらませ、
その甘さをムースやシャンティに少量混ぜたフランボワーズの酸味で引き立てながら締める。

[主な構成要素]
（下から）ビスキュイジョコンド、
フィヤンティーヌ、ムースフレー
ズ、シャンティフランボワーズ、イ
チゴ
（センター）ジュリフィエフレー
ズ、クレームブリュレトンカ
（ムースの周囲）グラサージュ

## クレームブリュレトンカ

**材料**（約70個分）

A ┌ 20％加糖卵黄 …… 250g
　└ グラニュー糖 …… 150g

B ┌ 牛乳 …… 340g
　│ 生クリーム（35％）…… 800g
　│ コンパウンドクリーム …… 200g
　└ トンカ豆 …… 0.6g

板ゼラチン …… 12g

**作り方**

1　ボウルにAを入れて泡立て器ですり混ぜる。
2　鍋にBを入れて火にかけ、45℃まで温め、ゼラチン
　　を加え、混ぜて溶かす。
3　1に2を混ぜながら加える。
4　直径4cmの球形シリコン型に5分目の深さまで入れ、
　　95℃のコンベクションオーブンで30分焼き、冷まし
　　て型に入れたまま冷凍する。

---

## ジュリフィエフレーズ

**材料**（約60個分）

A ┌ イチゴ …… 1000g
　└ グラニュー糖 …… 140g

B ┌ グラニュー糖 …… 20g
　└ LMペクチン …… 20g

ベルガモットピュレ …… 30g

＊Bは混ぜておく。

**作り方**

1　鍋にAを入れて火にかけ、40℃まで温める。
2　Bを混ぜながら加えて沸かし、沸騰後1分ほど炊い
　　て火を止めてベルガモットピュレを加えて混ぜ、冷
　　ます。

## ムースフレーズ

**材料**（約20個分）

A ┌ イチゴピュレ …… 420g
　│ フランボワーズピュレ …… 35g
　└ グラニュー糖 …… 55g

B ┌ 板ゼラチン …… 20g
　└ キルシュ …… 5g

生クリーム（35％）…… 570g

**作り方**

1　鍋にAを入れ、火にかけて常温程度に温め、グラ
　　ニュー糖を溶かしてボウルに移す。

2

Bを耐熱ボウルに入れ、電子レンジで加熱してゼラ
チンを溶かし、1に加えて泡立て器で混ぜる。

3

生クリームを6分立て（もったりとするが角は立た
ない状態）にする。

4

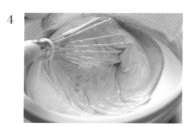

3の一部を2に加えて泡立て器で混ぜる。

## フィヤンティーヌ

**材料**（60cm×40cmの天板1枚分）
イチゴチョコレート …… 300g
バター …… 60g
アーモンドペースト（マルッロ）…… 150g
フィヤンティーヌ …… 240g

**作り方**

1 フィヤンティーヌ以外の材料を合わせて電子レンジ等で溶かす。
2 1にフィヤンティーヌを加え、ゴムベラでよく絡める。

## ビスキュイジョコンド

**材料**（60cm×40cmの天板1枚分）
A ┌ 全卵 …… 100g
  │ 20％加糖卵黄 …… 35g
  │ 粉糖 …… 100g
  └ アーモンドパウダー …… 100g
卵白 …… 200g
グラニュー糖 …… 120g
薄力粉 …… 70g
＊薄力粉はふるっておく。

**作り方**

1 ミキサーボウルにAを入れ、ミキサーで白くもったりするまで泡立てる。
2 別のミキサーボウルに卵白を入れて全体が泡立つまでミキサーで泡立て、グラニュー糖を加えてさらに泡立ててしなやかなメレンゲを作る。
3 1に2の半量を加えてゴムベラで混ぜ、薄力粉を加えてさっくりと混ぜ、残りの2を加えて混ぜる。
4 オーブンシートを敷いた天板に3をのばし、250℃のオーブンで6分焼き、冷ます。

5

4を3のボウルに戻して泡立て器ですくい混ぜる。

6

最後はゴムベラに替えて混ぜ残しがないようにすくい混ぜる。

## シャンティフランボワーズ

**材料**(作りやすい分量)
フランボワーズコンフィチュール◆ …… 200g
生クリーム(42％) …… 800g
粉糖 …… 56g
◆フランボワーズコンフィチュール…フランボワーズピュレ250g、レモン果汁12gを合わせて40℃に温め、よく混ぜたグラニュー糖100gとペクチン(LMSN325)4gを加え、混ぜながら沸かし、沸騰後1分ほど炊いて冷ます。

**作り方**
ボウルにすべての材料を合わせて泡立て器で混ぜ、絞りやすいかたさに泡立てる。

## グラサージュ

**材料**(作りやすい分量)
ナパージュヌートル(スブリモ・ヌートル) …… 500g
ジュドグロゼイユ◆ …… 60g
◆ジュドグロゼイユ…冷凍グロゼイユピュレを解凍して漉し器に入れ一晩おき下に落ちた液体。

**作り方**
すべての材料を混ぜる。

## その他

フランボワーズコンフィチュール(シャンティフランボワーズ参照)、粉糖、乾燥イチゴパウダー、イチゴ、ナパージュ、桜の花びら形のチョコレート

## ≫組み立て≪

1

冷凍したブリュレの入った型にジュリフィエフレーズをすりきりまで入れ、冷凍する。

2

直径6㎝の球形のシリコン型の8分目までムースフレーズを絞り入れ、型から外した1をすりきりよりもやや下まで押し込む。

3

2の上にムースフレーズを絞り、パレットナイフですりきり、冷凍する。

4 ビスキュイジョコンドの上にフィヤンティーヌをのせてパレットナイフでならし、冷蔵庫で冷やし固める。直径4.5㎝のセルクルで抜く。
5 4のフィヤンティーヌの面にフランボワーズコンフィチュールを少量ぬり、型から外した3のすりきった面につけて台にする。

6

5を網にのせ、グラサージュを3周ほど回しかける。

7

上部中央のグラサージュを指でぬぐう。

8

上部に竹串を刺してケーキトレーに移す。

9

16切の口金をつけた絞り袋にシャンティフランボ
ワーズを入れ、8の上に絞る。

10

粉糖と乾燥イチゴパウダーをかける。

11

スライスしたイチゴを刺し、イチゴにナパージュを
ぬる。

12

桜の花びら形のチョコレートを飾る。

# アロマドフレーズ

## 渡邊世紀

地元栃木県産とちおとめを使った、イチゴの香りが主役の一品。
主体となるムースと、表面のジュレの泡がはじけて口中をイチゴの香りで満たし、
低温で果汁を引き出してからサッと煮たコンポートで果実感を表現。
ルバーブの酸味やほのかなバラの香りで変化をつける。

[主な構成要素]
(下から)ビスキュイアマンド、ムースとちおとめ
(センター)コンフィチュールルバーブ、とちおとめのコンポートジュレ
(ムースの周囲)ジュレドトチオトメ

## コンフィチュールルバーブ

**材料**(作りやすい分量)
ルバーブ …… 500g
A ┌ グラニュー糖 …… 250g
　└ 水 …… 62g
レモン果汁 …… 10g
＊ルバーブは1cm幅程度にカットする。

**作り方**

1　鍋に**A**を入れて火にかけ、117℃まで上げる。
2　ルバーブを加え、ブリックス50％まで煮詰め、レモン果汁を加えて冷ます。

## とちおとめのコンポートジュレ

**材料**（直径4cm高さ2cmのシリコン型48個分）

A ┌ イチゴ（とちおとめ）…… 933g
　└ グラニュー糖 …… 231g
B ┌ NHペクチン …… 10g
　└ グラニュー糖 …… 19g
板ゼラチン …… 13g
ダマスクローズウォーター …… 8g
＊Bは混ぜておく。

**作り方**

1　バットにAを入れ、ラップをかけて85℃のスチームコンベクションオーブンで1時間加熱する。
2　1を鍋に移して火にかけ、鍋肌がふつふつとしてきたらBを加えて混ぜ、沸騰したら弱火にして1分半混ぜ続ける。火を止めてゼラチンを加え、混ぜて溶かす。氷水にあてて冷ます。
3　2にダマスクローズウォーターを加え、型に等分に流し入れて（液面はすりきりよりも3mmほど下）冷凍する。

## ムースとちおとめ

**材料**（48個分）

イチゴ（とちおとめ）…… 855g
レモン果汁 …… 52g
A ┌ フランボワーズリキュール …… 42g
　└ 板ゼラチン …… 27g
卵白 …… 180g
B ┌ グラニュー糖 …… 360g
　└ 水 …… 90g
生クリーム（35%）…… 855g

**作り方**

1　イチゴはミキサーでピュレにしてボウルに入れ、レモン果汁を加える。
2　ボウルにAを入れて湯煎にかけ、ゼラチンを溶かし、1に加えて混ぜる。
3　生クリームは7分立てにする。
4　鍋にBを合わせて火にかけ、117℃まで上げる。
5　ミキサーボウルに卵白を入れて泡立て、4を加えながらさらに泡立ててイタリアンメレンゲにし、そのまましばらくミキサーを回して冷ます。
6　3に5を加えてゴムベラで軽く混ぜ、2に3回に分けて加えてすくい混ぜる。

## ビスキュイアマンド

**材料**（60cm×40cmの天板1枚分）

全卵 …… 225g　　　　　卵白 …… 160g
A ┌ アーモンドパウダー …… 170g　　グラニュー糖 …… 45g
　└ 粉糖 …… 170g　　薄力粉 …… 90g
　　　　　　　　　　　　　バター …… 50g
＊Aは混ぜておく。
＊薄力粉はふるっておく。
＊バターは溶かしておく。

**作り方**

1　ミキサーボウルに全卵を入れ、Aを加えて泡立て器で混ぜる。湯煎で40℃くらいまで温め、ミキサーで泡立てる。
2　別のミキサーボウルに卵白を入れ、グラニュー糖を3回に分けて加えながら泡立て、7分立てにする。
3　2に1を加えてゴムベラで混ぜ、さらに薄力粉を加えて混ぜる。バターを加えて手早く混ぜる。
4　シルパットを敷いた天板に流してパレットナイフでならし、上火175℃・下火160℃のオーブンで10分ほど焼き、冷ます。直径4.5cmのセルクルで抜く。

## アンビバージュ

**材料**（作りやすい分量）

ガムシロップ◆ …… 200g
いちごピュレ（とちおとめ）…… 133g
水 …… 133g
◆ガムシロップ…グラニュー糖550g、水500gを合わせ、沸かしてグラニュー糖を溶かし、冷ます。

**作り方**

すべての材料をボウルに入れて混ぜる。

## ジュレドトチオトメ

**材料**（作りやすい分量）

A ┌ イチゴピュレ（とちおとめ）…… 318g
　│ 水 …… 318g
　└ グラニュー糖 …… 130g
板ゼラチン …… 15g

**作り方**

1　鍋にAを合わせ、火にかけて50℃まで温め、板ゼラチンを加え、混ぜて溶かす。
2　1の鍋を氷水にあてながら泡立て、泡のジュレを作る。

## その他

バラの花びら（乾燥）

## ➔組み立て➔

1　とちおとめのコンポートジュレを冷凍したフレキシパンに、コンフィチュールルバーブを10gずつ入れて表面を平らにならし、冷凍する。
2　直径6cmの球形のシリコン型にムースとちおとめを型の半分よりも少し上まで絞り入れ、型から外した1を中心に埋め込み、さらにムースを絞り入れてすりきる。
3　ビスキュイアマンドにアンビバージュを打ち、2に蓋のようにのせて冷凍する。
4　3を型から外し、網にのせてジュレドトチオトメをかけて全体にまとわせ、バラの花びらを飾る。

# レアチーズ

## 山内敦生

生のイチゴと少量の砂糖をさっと加熱して寄せたやわらかなジュレを、
保形できるぎりぎりの固さのチーズ生地で包んだ。
果実の酸味とチーズのコクの取合せを、なめらかな口どけで楽しませる。
底には食感に変化をつけるパートシュクレと、ジュレから出る水分を吸わせるジェノワーズ。

[主な構成要素]
（下から）パートシュクレ、ジェノワーズ、レアチーズ生地
（センター）コンフィチュール

## コンフィチュール

**材料**（36cm×28cmのカードル1台分）
イチゴ …… 1280g
グラニュー糖 …… 160g
トレハロース …… 40g
顆粒ゼラチン（ゼラチン21）…… 17.5g

**作り方**
1 イチゴを粗く刻んでボウルに入れ、グラニュー糖を加える。
2 1を火にかけ、沸いたらトレハロースと顆粒ゼラチンを加えて混ぜて溶かす。
3 2を36cm×28cmのカードルに流して冷凍し、カードルを外して凍った状態で4cm×3cmにカットする。

## レアチーズ生地

**材料**（作りやすい分量）
A ┌ クリームチーズ（フィラデルフィア）…… 2000g
  │ フロマージュブラン（中沢乳業）…… 1000g
  └ グラニュー糖 …… 200g
B ┌ 20％加糖卵黄 …… 233g
  └ グラニュー糖 …… 200g
牛乳 …… 666g
顆粒ゼラチン（ゼラチン21）…… 47g
生クリーム（35％）…… 2000g

**作り方**
1 鍋に牛乳を入れて沸かす。ボウルにBを入れて泡立て器ですり混ぜ、沸かした牛乳を加えて混ぜ、鍋に戻してとろみがつくまで炊く。ゼラチンを加えて溶かす。
2 Aをフードプロセッサーに入れ、撹拌して均一にし、炊きあがった1を加えてさらに撹拌して均一にし、ボウルに移す。
3 生クリームを6分立てにし、2に加えてゴムベラで混ぜる。

## ジェノワーズ

**材料**（60cm×40cmの天板1枚分）
A ┌ 全卵 …… 282g
  │ グラニュー糖 …… 152g
  └ 転化糖 …… 8g
バター …… 24g
牛乳 …… 24g
薄力粉 …… 160g
＊薄力粉はふるっておく。
＊バターは溶かしておく。

**作り方**
1 ミキサーボウルにAを入れ、ミキサーでしっかりと泡立てる。
2 ボウルをミキサーから外し、薄力粉を加えてゴムベラでさっくりと混ぜる。
4 バター、牛乳を加えて手早くすくい混ぜ、シルパットを敷いた天板に流し、160℃のオーブンで7〜8分焼き、冷ます。6.5cm×5cmの楕円型で抜く。

## パートシュクレ

**材料**（作りやすい分量）
バター …… 360g
粉糖 …… 316g
全卵 …… 121g
塩 …… 1.8g
薄力粉 …… 712g
＊バターはポマード状にしておく。

**作り方**
1 ボウルにバター、粉糖、塩を入れて泡立て器で白っぽくなるまですり混ぜる。
2 1に全卵を少しずつ加えながらすり混ぜ、乳化させる。
3 薄力粉を加えてゴムベラでさっくりと混ぜ、まとめてラップで包み、冷蔵庫で1時間ほどおく。
4 3を3mmの厚さにのばし、6.5cm×5cmの楕円型で抜く。
5 150℃のオーブンで12〜13分焼き、冷ます。

## その他

ホイップクリーム（乳脂肪分35％・グラニュー糖6％）、イチゴ（ゆめのかなど）、タイム

## ❖組み立て❖

1 フレキシパン1270（楕円）にレアチーズ生地を入れ、コンフィチュールを埋め込み、ジェノワーズをのせて冷凍する。
2 1を型から取り出し、パートシュクレの上にのせる。
3 レアチーズ生地にホイップクリームをかけ、ツンツンとした角状にナッペする。
4 スライスしたイチゴをのせ、タイムを飾る。

# フロマージュブラン・オ・ユズ＆フレーズ

## 遠藤淳史

ユズの香りを、イチゴが持ち前の華やかなフレーバーで引き立てる構成。
口に入れると、まず軽やかなムースとコクのあるババロワでユズの香りが広がり、
その次にイチゴの味わいが現れ、最後はコンフィのユズをシュクレ生地とともに咀嚼して終わるイメージ。
ムースやババロワ、クレームは、それぞれ厚めの層にすることで
素材のフレーバーを強く押し出し、ユズとイチゴのコンビネーションのよさを楽しませる。

[主な構成要素]
（下から）パート・シュクレ、クレーム
フレーズ、ミコンフィドユズ、ビス
キュイジョコンド、クーリドフレー
ズ、ババロワフロマージュブラン、
ムースレジェールユズ

## パート・シュクレ

**材料**(作りやすい分量)
バター …… 450g
粉糖 …… 290g
全卵 …… 145g
バニラオイル …… 10滴
A ┌ アーモンドパウダー …… 100g
 │ 薄力粉 …… 562g
 └ 中力粉 …… 185g
＊バターは室温に戻しておく。
＊Aは合わせてふるっておく。

**作り方**
1 ミキサーボウルにバターを入れ、ミキサーのビーターで空気を含ませるように撹拌する。
2 1に粉糖を加えて撹拌し均一にする。
3 全卵にバニラオイルを加えて混ぜ、それを2に少しずつ加えて撹拌し、そのつど乳化させる。
4 Aを加えて撹拌し、おおよそ混ざったら取り出し、手ですりのばして薄い板状にし、ラップで包み、冷蔵庫で一晩やすませる。
5 4を3mmの厚さ、38cm×58cmよりも少し大きくのばして軽くピケし、シルパンを敷いた天板にのせ、140℃のコンベクションオーブンで25〜30分焼き、冷ます。

## クレムーフレーズ

**材料**(58cm×38cmのカードル1層分／1台分)
冷凍イチゴホール …… 1050g
A ┌ グラニュー糖 …… 300g
 └ NHペクチン …… 12g
コーンスターチ …… 30g
バター(角切り) …… 290g
＊Aは混ぜておく。
＊バターは冷やしておく。

**作り方**
1 イチゴを解凍し鍋に入れ、火にかける。40℃前後でA、コーンスターチを加えて泡立て器でよく混ぜ、その後も絶えず混ぜながら温度を上げていく。
2 1が沸騰したら弱火にし、コーンスターチとペクチンに火が通り透明度が増すまで2〜3分炊き続ける。
3 2を47℃まで冷ましてミキサーに移し、バターを加えて撹拌し乳化させる。仕上がり温度32℃前後。
4 3を保存容器に漉し入れ、表面にラップを密着させ、冷蔵庫で一晩おく。

## ミコンフィドユズ

**材料**(58cm×38cmのカードル1層分／1台分)
ユズ(表皮を削った後のもの。皮は8mm角に切り、果肉もタネのみ除き8mm角に切る) …… 正味計700g
水 …… 245g
白ワイン …… 245g
グラニュー糖 …… 420g

**作り方**
1 鍋にすべての材料を入れ、IHコンロの弱火で火を入れて皮にゆっくりと皮をやわらかくしながら糖分と水分を浸透させる。
2 水分が最初の1〜2割程度までなくなり、ユズ皮に芯がなくなり透明感が出たら容器に移して自然に冷ます。

## ババロワフロマージュブラン

**材料**(58cm×38cmのカードル1層分／1台分)
ホワイトチョコレート …… 184.5g
A ┌ ヨーグルト …… 307.5g
 │ バニラペースト …… 適量
 └ 塩 …… 1.5g
B ┌ グラニュー糖 …… 61.5g
 └ 20％加糖卵黄 …… 193.725g
板ゼラチン …… 10.7625g
マスカルポーネ …… 153.75g
ユズ表皮(すりおろし) …… 7個分
ユズピュレ …… 30g
生クリーム(35％) …… 707.25g

**作り方**
1 鍋にAを入れて火にかけ、沸かす。
2 ボウルにBを入れて泡立て器ですり混ぜ、1を加えて混ぜ、鍋に戻して火にかけ、混ぜながらとろみがつくまで炊く。ゼラチンを加えて溶かす。
3 別のボウルにホワイトチョコレートを入れ、2を漉しながら加えて泡立て器で混ぜ、乳化させる。
4 氷水にあてながら混ぜて粗熱を取り、マスカルポーネ、ユズ表皮、ユズピュレを加えて混ぜ、ブレンダーで均一にする。
5 ボウルに生クリームを入れて7〜8分立てにし(しっかりとかため)、4を2回に分けて加え、つどゴムベラで底からすくい混ぜる。

## ビスキュイジョコンド

**材料**(60cm×40cmの天板1枚分)
A ┌ アーモンドパウダー …… 93.06g
 │ きび砂糖 …… 92.4g
 └ 全卵 …… 124.74g
B ┌ 卵白 …… 74.844g
 └ グラニュー糖 …… 24.948g
小麦粉(リスドォル) …… 24.948g
溶かしバター …… 19.404g
＊小麦粉はふるっておく。

**作り方**

1 ミキサーボウルに**A**を入れて湯煎にかけ、泡立て器で混ぜながら40℃程度まで温める。ミキサーにセットしてしっかりと泡立てる。
2 別のミキサーボウルに**B**を入れ、ミキサーで泡立ててしっかりとしたメレンゲにする。
3 1に溶かしバターを加えてゴムベラで混ぜ、さらに2を加えて全体をつぶしながら細かな気泡をゆきわたらせるようにムラなく混ぜる。
4 3に小麦粉を加え、少しツヤが出てとろっとするまで混ぜる。
5 シルパンを敷いた天板に流して表面を平らにならし、200℃のコンベクションオーブンで8～10分焼き、冷ます。

## クーリドフレーズ

**材料**(58cm×38cmのカードル1層分／1台分)
**A** ┌ 冷凍イチゴホール …… 530g
│ ユズ果肉(生) …… 112g
└ ユズピュレ(タカ食品果皮入) …… 105g
**B** ┌ グラニュー糖 …… 105g
└ NHペクチン …… 8g
板ゼラチン …… 11g
イチゴピュレ …… 172g
ユズ表皮(すりおろし) …… 3個分
＊冷凍イチゴホールは解凍しておく。
＊Bは混ぜておく。

**作り方**

1 鍋に**A**を入れ、火にかけて45～50℃に温め、**B**を加えて泡立て器で混ぜる。そのまま沸かし、果肉が潰れるように混ぜながら4～5分炊いていく。
2 持ち上げて、液体が4、5滴垂れてピタッと止まるくらいのタイミングで火を止める。炊きすぎると香りが飛び、炊き方が甘いと組み立て後崩れるので注意。
3 ゼラチンとイチゴピュレを加えて混ぜ、氷水にあてて冷やし、30℃程度になったらユズ表皮を加えて混ぜる。30℃を下回ったタイミングでカードルに流す(組み立て5)。

## ムースレジェールユズ

**材料**(58cm×38cmのカードル1層分／1台分)
ユズ表皮(すりおろし) …… 2個分
ユズ果汁 …… 100g
板ゼラチン …… 5.5g
卵白 …… 190g
グラニュー糖 …… 300g
水 …… 100g
酒石酸 …… 適量

**作り方**

1 ボウルにユズ表皮とユズ果汁を入れ、湯煎で40℃に温め、ゼラチンを加えて泡立て器で混ぜ、溶かす。

1を氷水にあて、24～18℃(とろみがつき始めるくらい)まで混ぜながら冷ます。

3 鍋に水とグラニュー糖を合わせて火にかけ、118℃まで上げる。
4 ミキサーボウルに卵白を入れミキサーで泡立て、3を少しずつ加えてイタリアンメレンゲにする。撹拌しながら30℃まで冷ます。

2に4の一部を加えてなじませるように混ぜる。

残りの4を加え、ゴムベラで底からすくい混ぜる。

## その他
イチゴピュレ(アンビバージュ)1台120g

## ✦組み立て✦

1 38㎝×58㎝のカードルに、同じ大きさにカットしたパート・シュクレを敷き込み、その上にクレムーフレーズを少量流し入れる。

2 1の上にミコンフィドユズ1600gをのせ、パレットナイフでならす。

3 2の上に残りのクレムーフレーズを流し入れ、ならす。

4 ビスキュイジョコンドを37.5㎝×57.5㎝にカットし、片面にアンビバージュを打ち、その面を下にして3の上に敷き込む。冷凍する。

5 4の上にクーリドフレーズを950g流し入れてならし、冷凍する。

6 丸口金をつけた絞り袋にババロワフロマージュブランを1600g入れ、直線状に隙間なく絞る(カットした時にババロワの上部が波模様になる)。冷凍する。

7
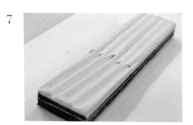
6のカードルを外し、9.2㎝幅に切る。

8
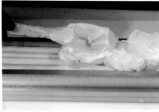

7の両サイドに6㎝の高さに重ねたバールをあて、上にムースレジェールユズをのせ、パレットナイフでざっとならす。

9

ムースの泡を潰さないよう、パレットナイフを包丁のように立ててムースを端から切るように動かし、ババロワフロマージュブランとの隙間をなくす。

10 パレットナイフをねかせてムースの表面を平らにならす。

11

スプーンの丸い面をムースにあてて角を立たせるように持ち上げ、これを繰り返して上面全体にランダムな角を立たせる。

12

バールに沿ってパレットナイフを入れ、バールを外す。2.8㎝厚さにカットする。

# プティパフェフレーズ

## 金井史章

パフェのように作りたてを食べる感覚で仕立てたベリース。
イチゴをコンポートやマリネにしてサクサクのクランブルと重ね、果実感とフレッシュな食感、
クリームやとろとろのブリュレとの調和を楽しませる。途中で味の変化をつけられるようソースを添える。

[主な構成要素]
（下から）ブリュレバニーユ、コンポートフレーズ、クランブルテ、イチゴのマリネ、シャンティフロマージュブラン、イチゴ、ソースフリュイルージュ（スポイト）

## ブリュレバニーユ

**材料**（50個分）

A ┌ 20％加糖卵黄 …… 510g
 └ グラニュー糖 …… 310g
 ┌ 牛乳 …… 680g
 │ 生クリーム（35％） …… 2000g
B │ バニラビーンズ（タヒチ産） …… 1本
 │ バニラビーンズ（マダガスカル産） …… 1本
 └ バニラペースト …… 10g

**作り方**

1 ボウルにAを入れて泡立て器ですり混ぜる。
2 鍋にBを入れて火にかけ、45℃まで温める。
3 1に2を加えながら混ぜ、漉す。
4 直径約6cm×高さ約8cmの耐熱グラスに3を注ぎ、95℃のコンベクションオーブンで60分焼く。粗熱を取り、冷蔵庫で冷やす。

## コンポートフレーズ

**材料**（作りやすい分量）

A ┌ イチゴ …… 3000g
 │ フランボワーズ …… 900g
 └ グラニュー糖 …… 1950g
B ┌ レモン果汁 …… 300g
 └ ベルガモット果皮（すりおろし） …… 3個分
板ゼラチン …… 適量（手順3参照）

**作り方**

1 ボウルにAを合わせ、ラップをかけて5時間湯煎にかける。澄んだ液体が出る。
2 1を果肉と液体に分ける。果肉は容器に入れ冷蔵庫で冷やす。
3 鍋に2の液体を入れて温め、Bと液体の1.3％のゼラチンを加えて溶かす。容器に移して冷まし、冷蔵庫で冷やし固める（ジュレ）。

## クランブルテ

**材料**（作りやすい分量）

バター（サイコロ状） …… 200g
粉糖 …… 200g
アーモンドパウダー …… 200g
タイプ55小麦粉 …… 200g
アールグレイ茶葉粉末 …… 20g

**作り方**

1 ミキサーボウルにすべての材料を入れてミキサーのビーターでサラサラになるまで撹拌し、まとめてラップで包み、冷蔵庫で3時間おく。
2 1を1cm厚さにのばし、ダイス状にカットし、160℃のオーブンで15分ほど焼く。

## イチゴのマリネ

**材料**（作りやすい分量）

イチゴ …… 適量
ボーメ30°シロップ …… 適量
ソミュール（リキュール） …… 適量

**作り方**

1 イチゴのヘタを取り、8等分にカットする。
2 ボウルにボーメ30°シロップとその10％のソミュールを入れ、1を加えてマリネする。

## シャンティフロマージュブラン

**材料**（作りやすい分量）

フロマージュブラン …… 30g
生クリーム（42％） …… 70g
粉糖 …… 8g

**作り方**

1 ボウルにすべての材料を入れて泡立て、スプーンですくったときに形を保つ程度のかたさにする。

## ソースフリュイルージュ

**材料**（作りやすい分量）

イチゴピュレ …… 150g
レモンピュレ …… 10g
フランボワーズピュレ …… 10g
グラニュー糖 …… 35g

**作り方**

1 ボウルにすべての材料を入れて泡立て器でよく混ぜ、スポイトに入れる。

### その他

イチゴ、粉糖

### ➤組み立て◄

1 ブリュレバニーユの上にコンポートフレーズの果肉とジュレをのせる。
2 1の上にクランブルテをのせ、さらにイチゴのマリネをのせる。
3 2の上にシャンティフロマージュブランをのせ、パレットナイフですりきる。
4 茶漉しで粉糖をかけ、カットしたイチゴを飾り、スポイトに入れたソースフリュイルージュをさす。

# あまおう苺のモンブラン

平野智久

果実の酸味で軽やかに仕立てたモンブラン。
クリームにはいろいろと試した中から
「品種の特徴がピュレでも感じられた」という
あまおうのピュレを使用。
アールグレイ風味の塩メレンゲで
味わい食感とも飽きさせない。

[主な構成要素]
（下から）パートサブレ、パートダマンド、あまおう苺のモンブランクリーム
（モンブランクリームの内側）アールグレイの塩メレンゲ、ココナッツクリーム、生クリーム、イチゴ（あまおう）
（モンブランクリームの外側）ラズベリーパウダーと混ぜた粉糖

## パートサブレ

**材料**（作りやすい分量）
＊ラズベリーの焼きタルト（p.116）参照。

## パートダマンド

**材料**（作りやすい分量）
＊ラズベリーの焼きタルト（p.116）参照。

## アールグレイの塩メレンゲ

**材料**（40個分）
A ┌ 卵白 …… 100g
  └ きび砂糖 …… 100g
B ┌ きび砂糖 …… 50g
  │ 塩 …… 0.5g
  └ アールグレイ茶葉粉末 …… 2g

**作り方**
1 ミキサーボウルにAを入れ、熱めの湯煎にかけながら泡立て器で混ぜてコシを切る。
2 1が45℃くらいになったらミキサーの高速で泡立てる。
3 8分立てくらいになったらBを加えてさらに泡立て、しっかりとしたメレンゲを作る。
4 1cmの丸口金をつけた絞り袋に3を入れ、オーブンシートを敷いた天板に直径3.5cm厚さ1cm程度に絞る。
5 140℃に予熱したオーブンに入れ、110℃で2時間30分ほど乾燥焼きする。
6 温かいうちにシートから外し、乾燥剤を入れた保存袋に入れて密封保存する。

## あまおう苺のモンブランクリーム

**材料**（10個分）
A ┌ イチゴピュレ（あまおう） …… 30g
  │ フランボワーズピュレ …… 30g
  │ イチゴエキス（トックブランシュ・フレーズ） …… 25g
  │ イチゴリキュール …… 8g
  └ マロンペースト …… 500g
バター …… 115g
＊材料はすべて常温に戻しておく。

**作り方**
1 ミキサーボウルにAを入れ、ミキサーのビーターで均一になるまで撹拌する。
2 バターを加え、空気を含ませるように撹拌する。ダマがあると絞る時に詰まる原因となるため、時々ボウルの側面についた中身をゴムベラできれいに落としながら撹拌する。
3 空気を含み白っぽくなったらラップで包み、冷蔵庫で冷やす。

## ココナッツクリーム

**材料**（10個分）
バター …… 15g
薄力粉 …… 20g
A ┌ きび砂糖 …… 80g
  │ ココナッツミルク …… 200g
  │ コンデンスミルク …… 10g
  │ レモン果汁 …… 10g
  └ 塩 …… 1g

**作り方**
1 鍋にバターを入れ、火にかけて溶かし、薄力粉を加えて木ベラで混ぜ、粉に火を通す。
2 Aを加え、泡立て器で混ぜながら加熱する。
3 全体が沸いたらボウルに漉し入れ、表面にラップを密着させ、ボウルに氷をあてて冷やす。ゴムベラでほぐして使う。

## その他

イチゴ（あまおう）、好みのベリージャム、生クリーム（40%・6%加糖）、ナパージュ、ラズベリーパウダーと混ぜた粉糖

## ❖組み立て❖

1 パートサブレを2mmの厚さにのばしてピケをし、9cmの丸型で抜いて直径7cm×高さ1.5cmのタルトレット型に敷き込む。
2 パートダマンドを1の8分目まで絞り、200℃に予熱したオーブンに入れ、175℃で25分焼き、粗熱を取り型から外す。
3 2のパートダマンドにベリージャムを少量ぬり、ココナッツクリームを少量のせてその上にアールグレイの塩メレンゲを置く。
4 3の上にしっかりと泡立てた生クリームを少量絞り、ヘタを取ったイチゴを1粒ずつのせる。
5 モンブランクリームを再度ミキサーで立て（かたい場合はボウルをバーナーで熱するなどして少しやわらかくする）、細めのモンブラン口金をつけた絞り袋に入れ、下から上に向かってらせん状に絞る。イチゴの頭が少し見えるところで止める。
6 5のモンブランクリームにラズベリーパウダーと混ぜた粉糖をふり、イチゴにナパージュをぬる。

# ムラングシャンティフレーズ

## 中山洋平

イチゴの甘く華やかな香りとミントの相性を楽しむ。
シャンティフレーズはごく少量のフランボワーズピュレを加え、
やさしいイチゴのフレーバーに輪郭をつけている。
中にはベリーの尖った酸を和らげるブリュレが。咀嚼するとムラングに混ぜたミントの香りが立つ。

[主な構成要素]
（下から）ムラングマント、シャンティフレーズ、ブリュレバニーユ、ムラングマント、イチゴ、赤スグリ（ムラングの周囲）コーティングショコラ

## ムラングマント

**材料**（作りやすい分量）
A ┌ 卵白 …… 100g
　└ 粉糖 …… 100g
グラニュー糖 …… 80g
ミントの葉 …… 8g

**作り方**
1　ミキサーボウルにAを入れてミキサーで泡立て、しっかりとしたメレンゲを作る。
2　ミントの葉を細かく刻んでグラニュー糖と混ぜ、1に加えてゴムベラでさっくりと混ぜる。
3　星口金をつけた絞り袋に2を入れ、シルパットを敷いた天板に幅1.5cmほどのシェル形に6〜7個隙間なく絞る（上部がデコボコの板状）。残りも同様に絞る。
4　110℃のコンベクションオーブンで2時間半乾燥焼きをし、冷ます。

## コーティングショコラ

**材料**（作りやすい分量）
A ┌ カカオバター …… 100g
　└ イチゴフレーバーチョコレート …… 110g

**作り方**
ボウルにAを入れて湯煎などで溶かし、テンパリング*をする。
＊テンパリング…チョコレートとカカオバターを温めて完全に溶かし、25〜26℃まで温度を下げてから26〜28℃まで温める。

## ブリュレバニーユ

**材料**（フレキシパンポンポネット型96個分）
A ┌ 生クリーム（35％） …… 400g
　└ バニラビーンズ …… 1本
20％加糖卵黄 …… 125g
グラニュー糖 …… 35g
B ┌ 粉ゼラチン（200ブルーム） …… 4g
　└ 水 …… 24g
＊Bは合わせてゼラチンをふやかし、加熱して溶かしておく。

**作り方**
1　鍋にAとグラニュー糖の半量を入れ、火にかけて沸かす。
2　ボウルに加糖卵黄と残りのグラニュー糖を入れ、泡立て器ですり混ぜる。
3　2に1の半量を加えてよく混ぜ、1の鍋に戻して混ぜる。火にかけて混ぜながらしっかりと火を通すように炊く。
4　3にBを加えて混ぜ、ボウルに漉し入れる。氷水をあてて冷やしながらブレンダーで撹拌しなめらかにする。
5　型にすりきりまで入れて冷凍する。

## シャンティフレーズ

**材料**（作りやすい分量）
A ┌ 生クリーム（42％） …… 455g
　└ グラニュー糖 …… 45g
B ┌ イチゴピュレ …… 270g
　└ フランボワーズピュレ …… 15g

**作り方**
1　ボウルにAを入れ、しっかりと泡立てる。
2　1にBを加え、混ぜながらしっかりと泡立てる。

## その他

イチゴ、赤スグリ、ナパージュ

## ➔組み立て◆

1　ムラングマントをコーティングショコラにくぐらせて余分をきり、シルパットの上に並べてコーティングショコラが固まるまでおく。半量を底用、残りを蓋用に使う。
2　星口金をつけた絞り袋にシャンティフレーズを入れ、底用の1の上に一面にシェル形に絞る。その上にブリュレバニーユをのせ、ブリュレを覆うようにさらにシャンティフレーズをシェル形に複数絞る。
3　蓋用の1をのせる。スライスしてナパージュをぬったイチゴ、赤スグリを飾る。

# Strawberry
×
# Sponge cake

イチゴ×スポンジ生地の定番菓子

# ショートケーキ (レシピp.50)

### 金井史章

イチゴは果肉が硬めで酸味がしっかりとあるタイプをカットせず丸ごと挟んで素材感を打ち出す。
ジェノワーズはイチゴとともに咀嚼され存在感を示しながら一緒に飲み込まれていくことを想定。
そのため、コシと口どけのよさの両方を求めて中華麺用の粉を使い、混ぜる際にグルテンも強めに出す。
また、キルシュ入りのシロップを薄く打ってキレを出し、クレームパティシエールを
薄く一層挟むことで力強いイチゴの甘酸っぱさと生地の風味を支える。

# ロールケーキ（レシピ p.53）

## 金井史章

ふんわりとしたスフレタイプの生地が主役。
その質感に合わせ、イチゴは果皮がやわらかくジューシーなタイプを使用。
クリームは口中ですっと溶けるホイップクリームが主体で、
アクセントに1本絞るクリームもクレームパティシエールに
生クリームを混ぜてやさしい口あたりとし、生地やイチゴとの一体感を図る。

# オムレット（レシピ p.55）

## 金井史章

生地はふんわりとして歯切れのよいビスキュイで、液体油を使うことで冷蔵下でもしなやかさを保たせる。
より日常に近いカジュアルなイメージがある菓子だが、
キルシュで香りを高めた軽やかなディプロマットクリームを絞り、
コンフィチュールで味わいに抑揚をつけ、さらに希少価値の高い白イチゴを使うことで、
上質な菓子のひとつとしてショーケースに並べる。

## ＞ショートケーキ

[主な構成要素]
（下から）ジェノワーズ、クレームパティシエール、ジェノワーズ、クレームシャンティ、イチゴ、ジェノワーズ、クレームシャンティ、イチゴ、乾燥バラの花びら

# ジェノワーズ

材料（直径15cmの丸型28個分）

A
┌ 全卵 …… 2000g
│ グラニュー糖 …… 1200g
│ 乾燥卵白 …… 40g
└ オリゴ糖液（OMT）…… 180g

B
┌ 菓子用小麦粉（ラフィネリュバン）…… 850g
└ 中華麺用小麦粉（芳蘭）…… 150g

C
┌ バター …… 200g
└ サラダ油 …… 200g

＊Bは合わせてふるっておく。
＊Cは耐熱ボウルに入れて電子レンジで温め、バターの溶けた熱い状態にしておく。

作り方

1

ボウルにAを入れて混ぜ、湯煎などで40℃まで温めてからミキサーの高速で泡立てる。

2

8〜9割立ったら少し速度を落としてキメを整えながらツヤが出てリボン状にたれるまで立てる。

3

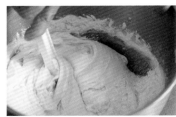

2にBを加え、粉がダマにならないうちにゴムベラで手早く混ぜる。少しグルテンを出すようにしっかりと混ぜる。ツヤが出て最初の半分ぐらいの体積になるくらいが目安（写真下）。

4

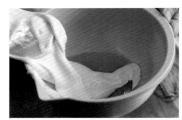

Cの入ったボウルに3の一部を加えて均一になるまで泡立て器で混ぜる。

5

4を3のボウルに戻し、ゴムベラで手早くすくい混ぜる。

6　焼き紙を敷いた直径15cmの丸形に1個110gの5を流し、持ち上げて作業台に2、3回落として大きな気泡を抜く。上火195℃・下火165℃の平窯で10分強焼く。

7

焼き上がりを型から外して冷ます。上面がくぼまず少し内側にすぼまった状態。

## アンビバージュ

**材料**(作りやすい分量分)
キルシュ …… 20g
水 …… 100g
ボーメ30°シロップ …… 100g

**作り方**
すべての材料を混ぜる。

## クレームパティシエール

**材料**(作りやすい分量分)

A
　牛乳 …… 900g
　コンパウンドクリーム …… 100g
　バニラビーンズ(タヒチ産) …… 1本
　バニラビーンズ(マダガスカル産) …… 2本

B
　卵黄 …… 300g
　グラニュー糖 …… 200g

C
　菓子用小麦粉(ラフィネリュバン) …… 45g
　プードル・ア・クレーム …… 45g

**作り方**
1　鍋にAを入れて沸かす。
2　ボウルにBを入れて泡立て器ですり混ぜ、Cを加えてさらに混ぜる。
3　2に1を少しずつ漉し入れながらムラなく混ぜる。
4　3を鍋に漉し入れ、小麦粉のコシが切れるまで混ぜながら炊き上げる。
5　バットに移して薄くのばし、ラップをかけて冷蔵庫で冷やす。

## クレームシャンティ

**材料**(作りやすい分量分)
生クリーム(42%) …… 800g
植物性クリーム …… 200g
粉糖 …… 70g

**作り方**
ボウルにすべての材料を入れ、泡立て器で泡立て、持ち上げるとたれたクリームの跡が少し残る程度の固さにする。

## その他
イチゴ(とちおとめ、さちのか、あまおとめ、やよいひめなど)、ナパージュ(キルシュを混ぜたもの)、乾燥バラの花びら

## ✦組み立て✦

1 ジェノワーズを下から1.3cm、1.3cm、1cmの厚さに
3枚にスライスし、それぞれ少量ずつアンビバー
ジュを打つ。

2

1の一番下の生地にクレームパティシエールを少量
のせ、パレットナイフで薄くのばし、2番目の生地を
のせる。

3

クレームシャンティの一部を9分立てにする。

4 回転台にのせた2の上に3をたっぷりとのせてパ
レットナイフで上面をならし、生地の側面にごく薄
くのばす。

5

4の上にヘタを取ったイチゴをねかせて敷き詰め
る。

6

3を側面全体につけてパレットナイフでざっくりと
ならす。

7

6の上面にさらに3をのせ、パレットナイフでならし
てイチゴを覆う。

8

残りの1枚の生地をのせ、上面に3を少量のせごく
薄くのばす。

9

3のボウルの中の立て具合がゆるい部分を、絞るに
はゆるく上から落とすと形を保つ程度のかたさに立
て、8の上面、側面にナッペする。

10

3を絞りやすい硬さに立て、星口金をつけた絞り袋
に入れ、9の上面に左右非対称の好みの形に絞る。

11 上面に粉糖をふり、ナパージュにくぐらせたイチゴ
をのせ、乾燥バラの花びらを飾る。

## ＞ロールケーキ

［主な構成要素］
（外側から）スフレ生地、クレーム
シャンティ、クレームディプロ
マット、イチゴ
（上）イチゴ、クレームシャンティ

## スフレ生地

**材料**（60cm×40cmの天板2枚分）

A ┌ 卵黄 …… 332.5g
　└ グラニュー糖 …… 82.5g
ハチミツ …… 32g
B ┌ 卵白 …… 640g
　└ 乾燥卵白 …… 13g
グラニュー糖 …… 255g
中華麺用小麦粉（芳蘭） …… 255g
　┌ コンパウンドクリーム …… 160g
C ├ オリゴ糖液（OMT） …… 16g
　├ バニラペースト …… 4g
　└ 液体油（オレインリッチ） …… 175g

＊乾燥卵白にグラニュー糖255gの一部を加え混ぜておく。
＊小麦粉はふるっておく。
＊Cは合わせておく。

**作り方**

1

ミキサーボウルにAを入れてミキサーで泡立て、全
体が混ざったらハチミツを加え、もったりとして
白っぽくなるまで泡立てる。

2

別のミキサーボウルにBを入れてミキサーで泡立
て、全体が泡立ったらグラニュー糖を加えてさらに
泡立て、しなやかで目の詰まったメレンゲを作る。

3

1に2の半量を加えてゴムベラですくい混ぜる。

4

2が混ざりきる手前で小麦粉を加えて粉気がほぼ
なくなるまですくい混ぜる。

5

Cを加えてムラなくすくい混ぜる。

6

残りの2を加えて手早くすくい混ぜる。

7

硫酸紙を敷いた天板に6を流してパレットナイフで
ならし、湯煎にかけ、上火220℃・下火180℃のオー
ブンで10分ほど焼き、冷ます。

8

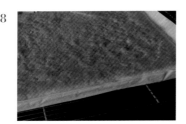

焼き上がり。

## クレームシャンティ

**材料**（約1本分）
生クリーム（42％）…… 400g
コンパウンドクリーム …… 100g
粉糖 …… 35g

**作り方**
ボウルにすべての材料を入れ、持ち上げると角が立ち
先が軽くたれるくらいに泡立てる。

## クレームディプロマット

**材料**（作りやすい分量分）
クレームパティシエール（p.51参照）…… 300g
生クリーム（42％）…… 100g

**作り方**
1　ボウルにクレームパティシエールを入れ、泡立て器
　　でほぐす。
2　生クリームをややぼそぼそとした質感が出るまで
　　かたく泡立て、1に加えて泡立て器で切るように混
　　ぜる。

## その他

イチゴ（紅ほっぺなど）、乾燥イチゴパウダー、粉糖

## ➳組み立て➳

1　スフレ生地よりも一回り大きな硫酸紙を敷き、その
　　上にスフレ生地を焼き色のついた面を下にしての
　　せる。

2

スフレ生地1枚につき450gのクレームシャンティを
のせ、パレットナイフでならす。奥から4〜5㎝の部
分に山を作る。巻き終わりとなる手前側（山の反対
側）は奥に対して薄くならす。

3

直径12㎜の丸口金をつけた絞り袋に1本につき
100gのクレームディプロマットを入れ、2の山の手
前に1本絞る。

4

クレームシャンティの山の上にヘタを取ったイチ
ゴを隙間なく並べる。巻く際に空洞ができないよう
クリームに埋め込む。1本につき11〜12粒が目安。

5

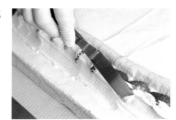

パレットナイフでクレームシャンティをすり上げ、
イチゴ同士の隙間を埋める。

6

硫酸紙の奥の端を持ち、クリームと生地の間にすき間ができないよう手前に引く。

7

軽く握ったこぶしで紙の上から生地の端を下に押しながら、紙を手前に引いて巻き込む。

8

さらに紙を手前に引きながら生地を最後まで巻く。

9

8を左右反転させ、紙の上から定規で巻き終わりを押さえ、紙は手前に引いてロールケーキを締め、断面がきれいな円形になるよう整える。

10 形が崩れないよう紙をテープでとめ、端からあふれたクレームシャンティをパレットナイフでならし、ラップをかけて冷蔵庫で一晩おく。
11 紙とラップを外し、ロールケーキの端を切り落として好みの長さに切る。
12 イチゴパウダーと粉糖を混ぜて11の上に茶漉しでふり、さらに粉糖を何箇所かふってイチゴパウダーのピンク色を引き立たせる。16切の口金でクレームシャンティを絞り、カットしたイチゴをのせる。

＞オムレット

# ビスキュイ

**材料**（直径12cm15枚分）
全卵（殻込み）…… 330g
グラニュー糖 …… 40g＋140g
液体油（オレインリッチ）…… 30g
菓子用小麦粉（ラフィネリュバン）…… 165g
＊60cm×40cmにカットしたオーブンシートに、直径12cmの円形を1.5cmほどずつ間隔をあけて描き、天板に敷いておく。
＊小麦粉はふるっておく。

**作り方**
1 全卵は卵黄と卵白に分ける。

2

ミキサーボウルに1の卵黄、グラニュー糖40gを入れ、ミキサーの泡立て器で少し白っぽくなるまで撹拌してから、液体油を少しずつ加えて白っぽくもったりとするまで泡立てる。

3

別のミキサーボウルに1の卵白を入れてミキサーで泡立て、全体が泡になったらグラニュー糖140gを加え、さらに泡立ててしっかりとしたメレンゲを作る。

4

2に3の一部を加えてゴムベラで泡をつぶさないように混ぜ、2と3のかたさを近づける。

5

4に小麦粉を加え、粉気がなくなるまで切り混ぜる。

6

続いて残りの3を加えて泡をつぶさないように混ぜ、混ざりきる一歩手前で止める(写真下)。

7

直径1.2cmの口金をつけた絞り袋に6を入れ、オーブンシートに描いた円に合わせて外側から中心に向けて渦巻き状に絞り、直径12cmの円形にする。

8 7の天板の下にもう1枚天板を重ね、上火190℃・下火225℃の平窯で8〜10分焼く。

9

焼き上がり。焼きすぎると組み立て時に割れるので注意。表面の焼き色は弱めでもよい。

10

シートを外して粗熱を取る。乾燥させないように保管しできるだけ早くオムレットを組み立てる。

## クレーム

**材料**（2個分）

クレームパティシエール
（p.51参照）…… 60g
キルシュ …… 6g
生クリーム（42％）…… 54g

**作り方**

1

ボウルにクレームパティシエールを入れてキルシュを加え、ゴムベラでほぐしながら混ぜる。

2　全体がやわらかくなったら泡立て器に持ち替えて均一に混ぜる。

3

生クリームをしっかりと泡立てる。

4

3を1に加え、クレームパティシエールに生クリームの泡を入れ込むように泡立て器で切り混ぜる。

## イチゴのコンフィチュール

**材料**（作りやすい分量）

A ┌ イチゴピュレ …… 250g
　└ レモン果汁 …… 12g
B ┌ グラニュー糖 …… 100g
　└ NHペクチン …… 4g

＊Bはよく混ぜておく。

**作り方**

1　鍋にAを入れ、火にかけて40℃程度に温める。
2　1にBを加え、泡立て器でよく混ぜながら沸かす。沸いたら1分ほど混ぜ続けて炊き、冷ます。

## その他

白イチゴ（雪うさぎ・合同会社山中農園）、粉糖

---

## ✤組み立て✤

1

16切の口金をつけた絞り袋にクレームを入れる。ビスキュイのオーブンシートに接していた面を上にして手のひらにのせて生地を軽く丸め、その上にクレームを奥から手前に向けてらせん状に絞る。

2

イチゴのコンフィチュールを絞り袋に入れ、1のクレームの上に線状に絞る。

3

ヘタを取り縦に半割にした白イチゴをクレームの上に並べ、生地の両端を寄せてサンドする。

4　生地の上に粉糖を茶漉しでふる。

# *Framboise*

フランボワーズの生菓子

## カジノ

### 昆布智成

古典菓子の基本の構成は変えず、味の中心となる
「赤い果実」のバランスを調整し現代的な軽さを表現。
ムースやコンフィチュールは香りの華やかなフランボワーズだけでなく、
赤スグリの鋭い酸も合わせて甘みを切り、
イタリアンメレンゲで軽い質感に仕上げる。
ババロワはキルシュでキレを出している。

[主な構成要素]
（下から）ビスキュイジョコンド、ムースフリュイ
ルージュ、ビスキュイジョコンド、フランボワー
ズ、ババロワキルシュ
（上面と側面）
コンフィチュールフランボワーズをぬって巻いた
ビスキュイジョコンド、グラサージュ

## ビスキュイジョコンド

**材料**（60cm×40cmの天板4枚分）

A
粉糖 …… 400g
アーモンドパウダー …… 400g
卵黄 …… 320g
卵白 …… 240g

B
卵白 …… 800g
グラニュー糖 …… 480g

薄力粉 …… 280g
＊薄力粉はふるっておく。

**作り方**

1 ミキサーボウルにAを入れ、白っぽくなるまでミキサーで泡立てる。
2 別のミキサーボウルにBを入れ、ミキサーで泡立て、しっかりとしたメレンゲを作る。
3 1に2の1/3量を加えてゴムベラで混ぜ、薄力粉を加えてさっくりと混ぜる。残りの2を加えてさっくりと混ぜる。
4 オーブンシートを敷いた天板にのばし、220℃のオーブンで5分焼き、冷ます。直径15cmの丸形で1台あたり2枚抜く。

## コンフィチュールフランボワーズ

**材料**（作りやすい分量）

A
フランボワーズピュレ …… 70g
グロゼイユピュレ …… 130g
水 …… 20g
水飴 …… 45g
グラニュー糖 …… 75g

B
NHペクチン …… 8g
グラニュー糖 …… 48g

レモン果汁 …… 15g
＊Bは混ぜておく。

**作り方**

1 鍋にAを入れ、火にかけて40〜50℃まで温める。
2 Bを加えて混ぜながら沸騰させ、レモン汁を加えて混ぜ、冷ます。

## ババロワキルシュ

**材料**（直径18cmの丸型1台分）

生クリーム（35%）…… 105g

A
牛乳 …… 120g
バニラビーンズ …… 1/8本

B
卵黄 …… 40g
グラニュー糖 …… 35g

板ゼラチン …… 4g
キルシュ …… 10g

**作り方**

1 鍋にAを入れ、火にかけて沸かす。
2 ボウルにBを入れ、泡立て器で白っぽくなるまですり混ぜ、1を加えて混ぜ、鍋に戻し、火にかけてとろみがつくまで混ぜながら炊く。
3 火を止めてゼラチン、キルシュを加え、混ぜてゼラチンを溶かす。ボウルに漉し入れ、氷水にあてて混ぜながら冷やす。
4 生クリームを8分立てにし、半量を3に加えて泡立て器でなじませるように混ぜ、残りの生クリームを加えてすくい混ぜ、均一にする。

## ムースフリュイルージュ

**材料**（直径18cmの丸型1台分）

生クリーム（35%）…… 215g

A
フランボワーズピュレ …… 90g
グロゼイユピュレ …… 90g

B
卵黄 …… 60g
グラニュー糖 …… 20g

板ゼラチン …… 7.5g
グランマルニエ …… 40g
卵白 …… 80g

C
グラニュー糖 …… 160g
水 …… 55g

**作り方**

1 鍋にAを入れ、火にかけて沸かす。
2 ボウルにBを入れ、泡立て器で白っぽくなるまですり混ぜ、1を加えて混ぜ、鍋に戻し、火にかけてとろみがつくまでゴムベラで混ぜながら炊く。
3 火を止めてゼラチン、グランマルニエを加え、混ぜてゼラチンを溶かす。ボウルに漉し入れ、氷水にあてて混ぜながら冷やす。
4 小鍋にCを入れて火にかけ、118℃のシロップにする。ミキサーボウルに卵白を入れてミキサーで泡立て、シロップを加えながらさらに立ててイタリアンメレンゲを作る。
5 生クリームを8分立てにする。
6 3に5を加えて泡立て器で泡を潰さないように混ぜる。さらに6を加えて泡立て器ですくい混ぜ、最後はゴムベラに替えて混ぜ残しがないようすくい混ぜる。

## アンビバージュ

**材料**（1台分）
ボーメ30°シロップ …… 100g
フランボワーズピュレ …… 80g
キルシュ …… 20g

**作り方**
すべての材料を混ぜる。

## グラサージュ

**材料**（作りやすい分量）
ナパージュヌートル …… 100g
フランボワーズピュレ …… 15g

**作り方**
すべての材料を混ぜる。

### その他
フランボワーズ

## ✦組み立て✦

1

オーブンシートの上にビスキュイジョコンドを焼き
色がついた面を上にしてのせ、コンフィチュールフ
ランボワーズを薄くぬり、端から巻く。オーブン
シートで巻いてテープでとめ、冷凍する。

2

1のシートを外し、2mm厚さにスライスする。

3

直径18cmの丸型の底と内側の側面に2を敷き詰め
る。

4

3の中にババロワキルシュを流し、フランボワーズ
を散らす。

5　ビスキュイジョコンドの焼き色がついている面に
アンビバージュをハケで打ち、その面を下にして4
にのせ、軽く押さえて密着させる。ビスキュイの上
面にもアンビバージュを打ち、冷凍する。

6

5のビスキュイの上にムースフリュイルージュを流
し、パレットナイフですりきる。

7

5とは別のビスキュイジョコンドの、焼き色がつい
ている面にアンビバージュを打ち、その面を下にし
て6にのせ、軽く押さえて密着させ、冷凍する。

8

7の型を外し、ビスキュイを下にして網にのせる。

9　グラサージュをかけてパレットナイフでさっとなら
し、フランボワーズを飾る。

# 安曇野産フランボワーズと
# ルバーブのタルト

## 栗田健志郎

最盛期には週に2、3度仕入れるという完熟ランボワーズ。
生産地の直近という環境をいかし、新鮮な果実の風味が引き立つタルトとした。
粉の風味を重視したタルト台のやや重く強い風味と、
フランボワーズ、クレームシトロン、ルバーブの酸味が調和する。

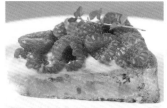

[主な構成要素]
（下から）パートシュクレ、庭
摘みタイムの入ったクレー
ムダマンド、ルバーブのコン
フィチュール、クレームシト
ロン、安曇野産フランボワー
ズ、コンフィチュールフリュ
イルージュ、タイム

# パートシュクレ

**材料**（作りやすい分量）
バター …… 150g
A ┌ グラニュー糖 …… 103g
　└ ゲランドの塩 …… 0.7g
全卵 …… 40g
B ┌ 中力粉 …… 233g
　└ 全粒粉 …… 17g
＊バターは15℃程度に戻しておく。
＊Bは合わせてふるっておく。

**作り方**

1　ミキサーボウルにバターを入れ、ミキサーのビー
　ターでほぐす。続けてAを加えて撹拌し、均一にす
　る。
2　全卵を加えてさらにざっと撹拌し、不均一な状態で
　止める。
3　2にBを加えて再び撹拌し、粉っぽさが残っている
　状態で止め、バットなどに移し冷蔵庫で一晩冷やす
　（薄力粉に比べグルテンの多い中力粉を使うため、
　この後生地をまとめてのばす工程で均一になるイ
　メージで混ざりきる前で止め、練りすぎを防ぐ）。

# 庭摘みタイムの入ったクレームダマンド

**材料**（作りやすい分量）
発酵バター …… 150g
全卵 …… 145g
自家製タンプルタン
　（p.22ジェノワーズオザマンド参照）…… 300g
フレッシュタイムの葉 …… 2g
＊バターは約27℃のポマード状にしておく。
＊全卵は湯煎で28〜29℃にしておく

**作り方**

1　ボウルにバターを入れ、タンプルタン100gを加え
　て泡立て器で混ぜる。
2　全卵を数回に分けて加え、そのつどしっかりと混ぜ
　て乳化状態を保つ。
3　2に刻んだタイムの葉と残りのタンプルタンを加
　え、ゴムベラで混ぜる。

# ルバーブのコンフィチュール

**材料**（作りやすい分量）
ルバーブ（2〜3cmにカット・冷凍でも可）…… 250g
グラニュー糖 …… 50g
トレハロース …… 25g
凝固剤（伊那食品・ル・カンテンウルトラ）…… 10g

**作り方**

1　ボウルにルバーブ以外の材料を入れて泡立て器で
　混ぜ、ルバーブも加えて木ベラなどで混ぜ、数時間
　置く。
2　鍋に1を入れ、木ベラなどで混ぜながら中火で加熱
　し、沸いたら弱火にし、ルバーブが煮崩れるまで炊
　く。
3　底にラップをかけて輪ゴムで止めた直径10cmのセ
　ルクルに2を流し込み（1台108g）、急速冷凍機で冷
　やし固める。

# クレームシトロン

**材料**（作りやすい分量）
レモン果汁（しまなみレモン）◆ …… 121g
A ┌ 全卵 …… 113g
　│ グラニュー糖 …… 113g
　└ ゲランドの塩 …… 1g
板ゼラチン …… 2.5g
無塩バター（2〜3cmのダイスにカット）…… 145g
レモン表皮すりおろし（しまなみレモン）◆ …… 1個分
バニラエッセンス …… 0.5g
◆レモン果汁・レモン表皮…広島県のしまなみレモンの果汁と果皮を冷凍
ストックして通年使用。

**作り方**

1　鍋にレモン果汁を入れ、火にかけて80℃まで温め
　る。
2　ボウルにAを入れ、泡立て器で白っぽくなるまでよ
　く混ぜる。
3　2に1を加えて混ぜ、鍋に戻して火にかけ、混ぜなが
　ら沸き上がるまで炊く。その後弱火で2分ほど炊
　き、卵くささを抜く。
4　3の火を止め、ゼラチン、バター、レモン表皮、バニ
　ラエッセンスを加え、ブレンダーで撹拌する。
5　保存容器に移して落としラップをし、冷蔵庫で冷や
　す。

## クレームパティシエール

**材料**(作りやすい分量)

A
 ┌ 牛乳 …… 500g
 │ マダガスカル産バニラビーンズ …… ¼本
 └ バニラエッセンス …… 1.5g

B
 ┌ グラニュー糖 …… 75g
 └ 20％加糖卵黄 …… 200g

C
 ┌ プードル・ア・クレーム …… 10g
 └ コーンスターチ …… 25g

発酵バター …… 100g

**作り方**

1 鍋にAを入れ、火にかけて80℃まで温める。

2 ボウルにBを入れ、泡立て器で白っぽくなるまですり混ぜ、さらにCを加えて混ぜる。

3 2に1を加えて混ぜ、鍋に漉しながら戻し入れ、火にかけて強火にかけ、泡立て器で混ぜながら81℃まで炊く。

4 火を止めて発酵バターを加え、混ぜて乳化させる。バットに移し、落としラップをして急速冷却機で冷やす。

## コンフィチュールフリュイルージュ

＊p.22参照

## その他

安曇野産フランボワーズ（1台約160g）、タイム（フレッシュ）

## ✢組み立て✢

1 パートシュクレを3mmの厚さにのばし、直径18cmの丸形で抜く。直径15cmのタルトリングに敷き込み、底面をピケする。冷蔵庫で冷やす。

2 1にクレームダマンドを1個につき50g入れ、パレットナイフでならす。その上にルバーブのコンフィチュールをのせ、さらにクレームダマンド50gをのせてパレットナイフでならす。

3 170℃のコンベクションオーブンで22分焼き、冷ます。

4 クレームシトロン33gとクレームパティシエール30gを混ぜ、3の上にぬり広げる。

5 フランボワーズを縦半分に切り、4の上に隙間なく敷き詰める。コンフィチュールフリュイルージュをフランボワーズの隙間にあしらい、タイムを飾る。

安曇野産フランボワーズ「グレンアンプル」。比較的大粒でジューシー。かつ、完熟ならではのやわらかな食感。

# タルトフランボワーズ&
# シトロンヴェール

## 遠藤淳史

みずみずしいコンポートフランボワーズが主役。コンポートは果実の風味をいかすため
火入れをぎりぎりに抑え、そのために多少離水するジュをジェノワーズに吸わせる。
タルトには浮き上がりやすいバスク生地を選択。食感は軽いが厚みの出る生地を使うことで
詰めるガナッシュの量を抑え、全体のバランスの中でコンポートの存在感を強める。

[主な構成要素]
（下から）パートバスクショコラ、ガナッシュショコラ、コンポートドシトロンヴェール、コンポートフランボワーズ、ビスキュイブラン、フランボワーズ、木の葉形のチョコレート

## コンポートフランボワーズ

**材料**(100個分)

A ┌ フランボワーズピュレ(ボワロン) …… 437.5g
　│ ライムピュレ …… 437.5g
　│ 冷凍フランボワーズブリゼ …… 1812.5g
　└ グラニュー糖 …… 600g
NHペクチン …… 31.3g
板ゼラチン …… 81.3g
フランボワーズピュレ …… 1125g
ライム表皮(すりおろし) …… 2.5個分
＊ペクチンはＡのグラニュー糖の一部と混ぜておく。

**作り方**

1　鍋にＡを入れ、火にかけて45〜50℃に温め、ペクチンを加えて泡立て器で混ぜる。そのまま沸かし、混ぜながら炊き、液体が4、5滴垂れてピタッと止まるくらいのタイミングで火を止める。炊きすぎると香りが飛び、炊き方が甘いと組み立て後崩れるので注意。

2　ゼラチンとフランボワーズピュレを加えて混ぜ、氷水にあてて冷やし、30℃程度になったらライム表皮を加えて混ぜる。30℃を下回ったタイミングで型に流す(組み立て2)。

## ビスキュイブラン

**材料**(60cm×40cmの天板1枚分)

A ┌ 卵白 …… 380g
　└ グラニュー糖 …… 180g
ヨーグルト …… 100g
B ┌ 小麦粉(ジェニー) …… 57.6g
　└ アーモンドパウダー(カリフォルニア産) …… 50g
ココナッツファイン …… 50g
＊Ｂは合わせてふるっておく。

**作り方**

1　ミキサーボウルにＡを入れ、ミキサーで泡立ててメレンゲを作る。

2　ボウルにヨーグルトを入れ、1を加えてゴムベラで混ぜる。Ｂを加えてさっくりと混ぜ、ココナッツファインを加えて混ぜる。

3　オーブンシートを敷いた天板に流し入れ、パレットナイフで厚さ1.2cmにならし、185℃のオーブンで8分焼く。途中天板を180度回転させる。

4　冷まして直径5cmの丸型で抜く。

## アンビバージュシトロンヴェール

**材料**(作りやすい分量)
水 …… 92g
ボーメ30°シロップ …… 368g
ライムピュレ(ボワロン) …… 184g
ライム表皮(すりおろし) …… 適量

**作り方**
すべての材料を混ぜる。

## パートバスクショコラ

**材料**(シリコマートSF045タルトレット型100個分)
バター …… 800g
カカオペースト(日新加工・Peru) …… 250g
粉糖 …… 300g

A ┌ 卵黄 …… 200g
　│ 卵白 …… 50g
　└ ラム(ネグリタ) …… 80g
B ┌ カソナード …… 350g
　└ アーモンドパウダー …… 350g
C ┌ 小麦粉(セルバッジオ) …… 440g
　│ 小麦粉(レジャン) …… 440g
　└ ベーキングパウダー …… 25g
＊バターは室温に戻しておく。
＊Ａは混ぜておく。
＊Ｃは合わせてふるっておく。

**作り方**

1　カカオペーストを加熱して溶かし、流動性のある状態を保ちながらぎりぎりまで冷ます。

2　ミキサーボウルにバターを入れ、ミキサーのビーターで白っぽくなるまで撹拌する。

3　2に1を加え、カカオペーストが固まらないよう素早く撹拌する。

4　粉糖を加えて撹拌し、さらにＡを加えて撹拌して乳化させる。

5　Ｂを加えて均一になるまで撹拌する。

6　ミキサーからボウルを外し、Ｃを加えてカードで切り混ぜる。

7　6を4.5mm厚さにのばし、直径7cmのセルクルで抜き、シリコマートSF045フランモールドに敷き込む。ラップをかけ、冷蔵庫で一晩おく。

8　重しをせず、135℃のコンベクションオーブンで25分ほど焼く。

9　膨らんだ生地に近いサイズの型などをのせて重しをして少しおき、生地のふわっとした質感を保ちながら凹みを作る。冷ます。

## ガナッシュショコラ

**材料**(100個分)

A ⌈ チョコレート(カカオバリー・アルトエルソル) …… 345g
  ⌊ カカオマス(ペルー産カカオ) …… 115g

B ⌈ 水飴(ハローデックス) …… 115g
  │ 生クリーム(35%) …… 575g
  ⌊ ライムピュレ(ボワロン) …… 575g

**作り方**

1 鍋に**B**を入れ、火にかけて沸かす。
2 ボウルに**A**を入れ、**1**を加えて混ぜ、ブレンダーで撹拌してしっかりと乳化させる。

---

## コンポートドシトロンヴェール

**材料**(作りやすい分量)

ライム …… 4個(450g)

A ⌈ 白ワイン …… 150g
  │ 水 …… 150g
  ⌊ グラニュー糖 …… 300g

NHペクチン …… 6g

※ペクチンは**A**のグラニュー糖の一部と混ぜておく。

**作り方**

1 ライムは表皮を削り、さらに外皮をむく。表皮はコンポートフランボワーズ用に取り置く。
2 **1**の外皮を一度ゆでこぼして冷まし、5mm角程度に刻む。果肉も5mm角程度に刻む。
3 鍋に**2**、**A**を入れて火にかけ、弱火でゆっくりと煮てブリックス40%になったらペクチンを混ぜながら加え、ブリックス50%まで煮て半透明の状態に仕上げ、冷ます。

## その他

フランボワーズ、木の葉形のチョコレート

## ➴組み立て➴

1 ビスキュイブランにアンビバージュシトロンヴェールを打って冷凍する。
2 シリコマートSF163ストーンにコンポートフランボワーズを流し入れ、**1**をすりきりまで押し込み、冷凍する。
3 パートバスクショコラの中に少量のガナッシュショコラを敷き、コンポートドシトロンヴェールを散らし、その上にさらにガナッシュショコラをすりきりまで入れる。

4

3の上に刻んだフランボワーズをのせる。

5 型から外した**2**をビスキュイを下にしてのせ、フランボワーズ、木の葉形のチョコレートをのせる。

# フルーリ

## 遠藤淳史

スミレの香りを共通項に、フランボワーズのコンポートやムースリーヌ、
ライチ風味のホワイトチョコレートムース、食感の異なる2種の生地を薄く何層にも重ね、
口中で混ざり合う味わいを楽しませる。
上面のスミレ柄、断面の層で、視覚的にも花の香りや複合的な味わいを表現。

[主な構成要素]
（下から）ケークバイオレット、フランボワーズコン
ポート、ビスキュイキュイエールアマンド、クレーム
ムースリーヌフランボワーズバイオレット、ムース
ショコラブラン、ビスキュイキュイエールアマンド、フ
ランボワーズコンポート、ビスキュイキュイエールア
マンド、クレームムースリーヌフランボワーズバイオ
レット、ムースショコラブラン（上面にカカオバターの
模様を転写）、ナパージュバイオレット

## ビスキュイキュイエールアマンド

**材料**（58cm×38cmのカードル6枚分／2台分）
卵白 …… 1680g
グラニュー糖 …… 1068g
卵黄 …… 1020g
A ┌ 小麦粉（リスドォル）…… 340g
　└ アーモンドパウダー（カリフォルニア産）…… 570g
＊Aは合わせてふるっておく。

**作り方**
1 ミキサーボウルに卵白を入れてミキサーで泡立て、グラニュー糖を2回に分けて加え、角の立ったメレンゲにする。
2 卵黄を1に加え、ゴムベラで底から持ち上げるように混ぜる。
3 Aを加えてさっくりと混ぜる。
4 シルパットを敷き58cm×38cmのカードルをのせた天板6枚に3を等分に流して表面をならし、185℃のコンベクションオーブン（ダンパー半開）に入れ、途中で天板を反転させて計9分ほど焼き、冷ます。仕上がりの厚さは約7mmで、やや強めの焼き込み。

## ケークバイオレット

**材料**（58cm×38cmのカードル2枚分／2台分）
A ┌ グラニュー糖 …… 348g
　└ 全卵 …… 720g
アーモンドパウダー
　（シチリア産とカリフォルニア産のブレンド）…… 216g
B ┌ 薄力粉（日清製粉バイオレット）…… 288g
　└ ベーキングパウダー …… 9.6g
生クリーム（38％）…… 120g
オリーブオイル …… 120g
＊Bは合わせてふるっておく。

**作り方**
1 ミキサーボウルにAを入れて湯煎で40℃に温め、ミキサーで泡立てる。
2 アーモンドパウダーを加えて撹拌する。
3 Bを加えてゴムベラで混ぜる。
4 生クリーム、オリーブオイルを加えて均一に混ぜる。
5 シルパットを敷き58cm×38cmのカードルをのせた天板2枚に4を等分に流して表面をならし、170℃のコンベクションオーブン（ダンパー閉）で12〜14分焼き、冷ます。仕上がりの厚さは約8mm。

## アンビバージュフランボワーズ

**材料**（58cm×38cmのカードル2台分）
フランボワーズブリゼ …… 1000g
ボーメ30°シロップ …… 1500g
水 …… 500g
スミレエッセンス …… 16滴

**作り方**
1 ボウルにすべての材料を入れ、冷蔵庫で一晩おく。
2 使用前に漉し、軽く押さえて液体を絞り取る。残ったフランボワーズはフランボワーズコンポート用に500g取り置く。

## フランボワーズコンポート

**材料**（58cm×38cmのカードル2台分）
A ┌ フランボワーズブリゼ
　│ （うち500gはアンビバージュフランボワーズで
　│ 漉したもの）…… 2500g
　└ グラニュー糖 …… 500g
ペクチンNH（アイコク）…… 16.5g
フランボワーズピュレ …… 660g
板ゼラチン …… 50g
スミレエッセンス …… 12滴
＊ペクチンはグラニュー糖の一部と混ぜておく。

**作り方**
1 鍋にAを入れて混ぜ、火にかけて混ぜながらブリックス55％まで煮詰める。
2 ペクチンを加えて混ぜる。
3 別の鍋にフランボワーズピュレを入れて火にかけ、沸かす。
4 火を止めてゼラチンを加えて溶かし、スミレエッセンスを加えて混ぜる。
5 4に2を加えて混ぜる。

## ムースショコラブラン

**材料**（58㎝×38㎝のカードル2台分）

A ┌ ライチピュレ …… 340g
　└ 牛乳 …… 340g
B ┌ 卵黄 …… 340g
　└ グラニュー糖 …… 136g
板ゼラチン …… 25g
ホワイトチョコレート（32％）…… 300g
スミレエッセンス …… 16滴
マスカルポーネ …… 205g
生クリーム（35％）…… 1750g

**作り方**

1　鍋にAを入れ、火にかけて沸かす。
2　ボウルにBを入れ、泡立て器ですり混ぜる。
3　2に1を加えて泡立て器で混ぜ、鍋に戻して火にかけ、混ぜながらとろみがつくまで炊き、ゼラチンを加えて混ぜて溶かす。
4　ボウルに溶かしたホワイトチョコレートとスミレエッセンスを入れ、3を加えて泡立て器で混ぜ、乳化させる。30℃まで冷ます。
5　マスカルポーネに4の一部を入れて均一に混ぜ、4に戻し入れて混ぜる。混ぜ終わり温度20℃前後。
6　ボウルに生クリームを入れ、しっかりと軽くなるよう8分立てにし、そこに5を2回に分けて加え、均一に混ぜる。

## クレームムースリーヌ フランボワーズバイオレット

**材料**（58㎝×38㎝のカードル2台分）

フランボワーズピュレ …… 1000g
コーンスターチ …… 40g
グラニュー糖 …… 270g
ホイップバター◆ …… 1160g
イタリアンメレンゲ◆ …… 470g
スミレエッセンス …… 12滴
＊コーンスターチとグラニュー糖は混ぜておく。
◆ホイップバター…バターを常温に戻して軽く立て、クリーミーな状態にしたもの。
◆イタリアンメレンゲ…グラニュー糖313gと水100gを合わせて118℃に上げたシロップを泡立てた卵白156gに加えてさらに立てる。

**作り方**

1　鍋にフランボワーズピュレを入れて火にかけ、沸かす。火を止めて混ぜ合わせたコーンスターチとグラニュー糖を加えて混ぜ、さらに火にかけて混ぜ、コーンスターチに火を入れてとろみをつける。30℃まで冷ます。
2　ミキサーボウルにバターを入れ、ビーターで撹拌して空気を十分含ませ、1を加えて混ぜる。
3　2にイタリアンメレンゲを2回に分けて加え、ゴムベラで底からすくい混ぜる。スミレエッセンスを加えて混ぜる。

## ナパージュバイオレット

**材料**（作りやすい分量）

カシスホール …… 32g
フランボワーズホール …… 64g
水 …… 1440g
A ┌ グラニュー糖 …… 960g
　│ トレハロース …… 240g
　└ NHペクチン …… 42g
スミレエッセンス …… 20滴
ナパージュヌートル …… 800g
＊Aは混ぜておく。

**作り方**

1　鍋にカシス、フランボワーズ、水を入れ、火にかけて沸かし、冷まして色と風味を移し、漉す。
2　鍋に1の液体（45℃前後）、Aを入れて泡立て器で混ぜ、火にかけて混ぜながら沸かし、ブリックス47％を超えるまで炊き、粗熱を取る。
3　2にスミレエッセンス、ナパージュヌートルを加え、ブレンダーで撹拌する。

その他

カカオバター、チョコレート用色素(赤、青、黄)

---

## ✦組み立て✦

1 カカオバターを溶かして3つの容器に分けて入れ、ふたつには赤と青、ひとつには青と黄のチョコレート用色素を加え、青寄りの紫色、赤寄りの紫色(花用)、茶(葉用)のカカオバターを作る。

2 花と葉の模様のスポンジスタンプ(下記参照)にそれぞれ5を吸わせ、60cm×40cmにカットして天板にのせたOPPフィルムにランダムに押し、15℃のチョコレート保管庫で一晩おく。

3 ビスキュイキュイエールアマンド3枚、ケークバイオレット1枚にアンビバージュフランボワーズを300gずつ打ち、冷凍する。

4 58cm×38cmのカードル2個にケークバイオレットとビスキュイを1枚ずつ敷き込み、それぞれフランボワーズコンポートを3mm厚さに流し、パレットナイフでならす。それぞれに残りのビスキュイをのせ、手で軽く押して密着させ、冷蔵庫で2時間ほど冷やす。

5 4の上にそれぞれクレームムースリーヌフランボワーズバイオレットを4mm厚さに流し、パレットナイフでならし、冷凍する。

6 2に58cm×38cmのカードルをのせ、ムースショコラブランを8mm厚さに流してパレットナイフでならす。

7 6の上に5のビスキュイ2枚を使用したほうをビスキュイの面を上にしてのせ、さらにムースショコラブランを8mm厚さに流してパレットナイフでならす。

8 7に残りの5をケークバイオレットを上にしてのせ、手で軽く押して密着させ、冷凍する。

9 8をカードルから外し、ケークバイオレットを下にして置き、OPPフィルムをはがしてナパージュバイオレットをかけ、適宜の大きさに切る(菓子の解凍が進むと上面の模様がクリアに見えるようになる)。

菓子上面の模様に用いた、遠藤氏手製のスタンプ。目の詰まったスポンジを花と葉の形に切り取ってカッターで模様を彫り、シールで貼り付けるタイプのフックの裏側に貼り付けてフック部分をつまんで使用。

# フラブリコ

## 中山洋平

いずれも酸味が特徴的な、フランボワーズとアンズの取合せの妙を楽しませる。
一番上のクーリはその2種のピュレを混ぜてあり、食べ進むとそれぞれの果肉やクーリが交互に現れ、
最後はフランボワーズで終わる。それらの酸味を間のムースの甘みが受け止める。

[主な構成要素]
（下から）クーリフランボワーズ、ムースショコラブラン、コンポテアブリコフランボワーズ、クーリアブリコフランボワーズ、クランブル、フランボワーズ、シロップ漬けアプリコット

# クーリフランボワーズ

**材料**（10個分）
A ┌ フランボワーズピュレ …… 85g
　└ グラニュー糖 …… 8g
B ┌ 粉ゼラチン（200ブルーム） …… 1.5g
　└ 水 …… 9g
＊Bは合わせてゼラチンをふやかし、加熱して溶かしておく。

**作り方**
1　鍋にAを入れ、火にかけて沸かす。
2　1にBを加え、混ぜる。

# ムースショコラブラン

**材料**（10個分）
牛乳 …… 140g
ホワイトチョコレート …… 175g
A ┌ 粉ゼラチン（200ブルーム） …… 3g
　└ 水 …… 18g
生クリーム（35％）…… 186g
＊Aは合わせてゼラチンをふやかし、加熱して溶かしておく。

**作り方**
1　ホワイトチョコレートをボウルに入れる。
2　牛乳を沸かして1に加え、泡立て器で混ぜて乳化させる。
3　2にAを加えて混ぜ、氷水にあてて混ぜながら28℃まで冷ます。
4　生クリームを7分立てにし、3に加えてすくい混ぜる。

# コンポテアブリコフランボワーズ

**材料**（10個分）
A ┌ 冷凍フランボワーズ …… 250g
　│ ライムピュレ …… 38g
　└ グラニュー糖 …… 15g
B ┌ グラニュー糖 …… 32g
　└ HMペクチン（アイコク・イエローリボン） …… 4g
C ┌ シロップ漬けアプリコット（缶詰・正味） …… 200g
　└ セミドライアプリコット …… 70g
＊Bはよく混ぜておく。
＊Cは5mm角に切っておく。

**作り方**
1　鍋にAを入れ、火にかけて沸かす。
2　1にBを加え、混ぜながら沸かす。
3　Cを加えて混ぜながら沸かし、氷水をあてて冷ます。

# クーリアブリコフランボワーズ

**材料**（10個分）
A ┌ フランボワーズピュレ …… 30g
　│ アプリコットピュレ …… 110g
　└ グラニュー糖 …… 16g
B ┌ 粉ゼラチン（200ブルーム） …… 2.5g
　└ 水 …… 15g
＊Bは合わせてゼラチンをふやかし、加熱して溶かしておく。

**作り方**
1　鍋にAを入れ、火にかけて沸かす。
2　1にBを加え、混ぜる。

# クランブル

**材料**（作りやすい分量分）
薄力粉 …… 100g
発酵バター …… 100g
カソナード …… 100g
皮付きアーモンドパウダー …… 75％

**作り方**
1　フードプロセッサーにすべての材料を入れて撹拌し、均一にする。
2　1を小さくちぎってシルパンを敷いた天板に散らし、160℃のコンベクションオーブンで約20分焼き、冷ます。

# その他

フランボワーズ、シロップ漬けアプリコット

# ✤組み立て✤

1　直径約5cm高さ7cmのグラスにクーリフランボワーズを10g流し、冷凍する。
2　1の上にムースショコラブランを20g流し、冷凍する。
3　2の上にコンポテアブリコフランボワーズを40g入れ、冷凍する。
4　3の上にムースショコラブランを20g流し、冷凍する。
5　4の上にクーリアブリコフランボワーズを15g流す。
6　5の上にクランブルをのせ、フランボワーズ、カットしたシロップ漬けアプリコットを飾る。

# ユズ・ピスターシュ

## 金井史章

定番の相性のよさがあるピスタチオのコクと
フランボワーズの甘酸っぱさに、ユズをプラス。
フランボワーズのわずかな渋味のカドを
ユズのふくよかな香りと軽い酸味で丸めるイメージで、
より一層の一体感を生むことを狙う。

[主な構成要素]
(下から)ビスキュイジョコンド、フィヤ
ンティーヌ、ムースピスターシュ、ナ
パージュゆず、クレームシャンティ、フ
ランボワーズ、ピスタチオ
(センター)ムースゆず、ジュレフラン
ボワーズ
(ムースの周囲)アロンバージュ

## ジュレフランボワーズ

**材料**(400個分)

A ┌ フランボワーズピュレ …… 1500g
  │ フランボワーズブリゼ(冷凍でも可) …… 2700g
  └ グラニュー糖 …… 1200g
B ┌ NHペクチン …… 75g
  └ グラニュー糖 …… 800g
板ゼラチン …… 80g

＊Bは混ぜておく。

**作り方**

1 鍋にAを入れて火にかけ、混ぜながら加熱する。
2 40℃まで温まったらBを混ぜながら加え、沸騰後1
  分ほど炊いて火を止め、ゼラチンを加え、混ぜて溶
  かす。

## ムースゆず

**材料**(200個分)

ホワイトチョコレート …… 1400g

A ┌ 牛乳 …… 447g
  │ ユズ表皮(すりおろし) …… 7g
  └ ユズ果汁 …… 192g
B ┌ 20％加糖卵黄 …… 200g
  └ グラニュー糖 …… 45g
板ゼラチン …… 14g
生クリーム(35％) …… 1330g
ユズオイル …… 11滴

**作り方**

1 鍋にAを入れて火にかけ、沸かして火を止めて蓋を
  し、5分おいて風味を移す。
2 ボウルにBを入れて泡立て器で白っぽくなるまです
  り混ぜ、1を加えて混ぜ、1の鍋に戻して火にかけ、
  混ぜながら80℃まで炊く。

3 ボウルにホワイトチョコレートを入れ、2を少しず
つ漉し入れて泡立て器で混ぜ、乳化させる。ゼラチ
ンを加え、混ぜて溶かす。氷水にあて、36℃まで冷
ます。
4 生クリームにユズオイルを加えて6分立てにし、3
に加えてゴムベラですくい混ぜる。

## ムースピスターシュ

**材料**(90個分)
牛乳 …… 1350g
A ┌ グラニュー糖 …… 270g
  └ 20％加糖卵黄 …… 675g
板ゼラチン …… 50.4g
ピスタチオペースト …… 396g
アマレット …… 90g
生クリーム(35％) …… 1620g

**作り方**
1 鍋に牛乳を入れて沸かす。
2 ボウルにAを入れて泡立て器ですり混ぜ、1を加え
て混ぜ、1の鍋に戻して82℃まで炊く。火を止め、
ゼラチンを加え、混ぜて溶かす。
3 別のボウルにピスタチオペーストを入れ、2を漉し
入れてゴムベラで混ぜる。アマレットを加えて混
ぜ、氷水にあてて30℃まで冷ます。
4 生クリームを6分立てにし、3に加えてゴムベラで
すくい混ぜる。

## フィヤンティーヌ

**材料**(60×40cmの天板1枚分)
ホワイトチョコレート …… 280g
バター …… 50g
アーモンドペースト(マルッロ) …… 170g
ジャンドゥジャノワゼットノワール(ヴァローナ) …… 130g
ピスタチオペースト …… 10g
フィヤンティーヌ …… 320g

**作り方**
1 フィヤンティーヌ以外の材料を合わせて電子レン
ジ等で溶かす。
2 1にフィヤンティーヌを加え、ゴムベラでよく絡め
る。

## ビスキュイジョコンド
＊p.29参照。

## アロンバージュ

**材料**(作りやすい分量)
A ┌ ホワイトチョコレート …… 500g
  └ 米油 …… 75g
ローストアーモンドダイス …… 100g

**作り方**
Aを合わせて溶かし、ローストアーモンドダイスを加え
て混ぜ、30℃強に調温する。

## クレームシャンティ

**材料**(作りやすい分量)
ホワイトチョコレート …… 30g
生クリーム(42％) …… 20g
ピスタチオペースト …… 12g
生クリーム(42％) …… 280g

**作り方**
1 ボウルにホワイトチョコレートを入れ、沸かした生
クリーム20gを加え、泡立て器で混ぜて乳化させる。
2 1にピスタチオペーストを加えて混ぜる。
3 2に冷たい生クリーム80gを加えて混ぜ、乳化させる。
4 3を絞れるかたさに泡立てる。

## ナパージュゆず

**材料**(作りやすい分量分)
ユズ果汁 …… 720g
ナパージュヌートル(スプリモ・ヌートル) …… 2400g
ユズ表皮(すりおろし) …… 24g

**作り方**
すべての材料を混ぜる。

## その他
フランボワーズ、ピスタチオ

## ✦組み立て✦

1 直径4cm×高さ2cmの円形シリコン型にジュレフラ
ンボワーズを15gずつ流し入れ、冷凍する。
2 1の上にムースゆずを入れてパレットナイフですり
きり、冷凍する。
3 ビスキュイジョコンドの上にフィヤンティーヌをの
せてパレットナイフでならし、冷蔵庫で冷やし固め
る。直径4cmのセルクルで抜く。
4 直径5.5cm×高さ4cmのセルクルの中に3を敷き込
み、ムースピスターシュを半分の高さまで絞り入
れ、型から外した2を埋め込む。その上にムースピ
スターシュを絞り、余分なムースピスターシュをパ
レットナイフで除き、冷凍する。
5 4を型から外し、上面に竹串を刺してアロンバー
ジュに上部5mmほどを残して何度か沈ませ、引き上
げて網にのせ、アロンバージュが固まるまでおく。
6 細めの星口金をつけた絞り袋にクレームシャン
ティを入れ、5の上面に円形に絞り、その中にナパー
ジュゆずを流し入れる。フランボワーズと刻んだピ
スタチオを飾る。

# アビアント

## 昆布智成

寒い時期に心身を和ませるイメージで赤いベリー入りのヴァンショーやスパイスなどのフレーバーを
組み合わせた。昆布氏が惜別に際し作った菓子でもあり、さみしさを温かく包む思いも込めている。

[主な構成要素]
（下から）ビスキュイショコ
ラ、ムーステ、シャンティエ
ピセ、デコールアマンド、カ
カオパウダー
（センター）ガナッシュエピ
セ、ジュレフランボワーズ
（ムースの周囲）アンロバー
ジュ

## ビスキュイショコラ

**材料**（60cm×40cmの天板1枚分）

A
| アーモンドパウダー …… 95g
| 粉糖 …… 95g
| 卵黄 …… 70g
| 全卵 …… 65g
卵白 …… 175g
グラニュー糖 …… 63g

B
| 薄力粉 …… 76g
| カカオパウダー …… 35g
バター …… 45g

＊Bは合わせてふるっておく。
＊バターは溶かしておく

**作り方**

1　ミキサーボウルにAを入れ、白っぽくなるまでミキ
　サーで泡立てる。
2　別のミキサーボウルに卵白を入れてミキサーで軽
　く泡立て、グラニュー糖を加えてさらに立ててメレ
　ンゲにする。
3　1に2の半量を加えてゴムベラで混ぜ、Bを加えて
　さっくりと混ぜる。バターを加えてすくい混ぜ、残り
　の2を加えてさっくりと混ぜる。
4　オーブンシートを敷いた天板に3を流してパレット
　ナイフでならし、220℃のオーブンで5分焼き、冷
　ます。直径3cmのセルクルで抜く。

## ガナッシュエピセ

**材料**（10個分）
生クリーム（35%）…… 110g

A
| ホワイトチョコレート …… 95g
| パンデピスパウダー …… 6g

**作り方**

1　生クリームを鍋に入れて沸かす。
2　ボウルにAを入れ、1を加えて泡立て器で混ぜ、乳
　化させる。

## ジュレフランボワーズ

**材料**(10個分)
フランボワーズブリゼ …… 120g
カシスピュレ …… 20g
グラニュー糖 …… 15g
赤ワイン …… 4g
レモン果汁 …… 4g
板ゼラチン …… 2g

**作り方**
1 鍋にゼラチン以外の材料を入れ、火にかけて沸かす。
2 火を止めてゼラチンを加えて泡立て器で混ぜ、氷水にあてて混ぜながら粗熱を取る。

## アンロバージュ

**材料**(作りやすい分量)
チョコレート(64%・シエラネバダ) …… 100g
グレープシードオイル …… 40g

**作り方**
1 ボウルにチョコレートを入れて電子レンジなどで溶かす。
2 グレープシードオイルを加えて泡立て器で混ぜ、乳化させる。

## ムーステ

**材料**(60個分)
A [ 牛乳 …… 320g
　 バニラビーンズ …… ⅘本
紅茶茶葉 …… 25g
B [ グラニュー糖 …… 60g
　 卵黄 …… 180g
板ゼラチン …… 16g
ホワイトチョコレート …… 350g
生クリーム(38%) …… 850g

**作り方**
1 鍋にAを入れ、火にかけて沸かし、火を止めて紅茶茶葉を加えて蓋をし、10分おいて風味を移して漉す。
2 ボウルにBを入れ、泡立て器で白っぽくなるまですり混ぜ、1を加えて混ぜ、鍋に戻し、火にかけて混ぜながらとろみがつくまで炊く。ゼラチンを加えて溶かし、氷水にあてて混ぜながら粗熱を取る。
3 ボウルにホワイトチョコレートを入れて湯煎などで溶かし、40℃に調整し、2を加えて混ぜ、乳化させる。
4 生クリームを8分立てにし、3に2回に分けて加えて混ぜる。

## シャンティエピセ

**材料**(作りやすい分量)
A [ 生クリーム(42%) …… 250g
　 ハチミツ …… 20g
　 パンデピスパウダー …… 2g
ホワイトチョコレート …… 120g

**作り方**
1 鍋にAを入れ、火にかけて沸かす。
2 ボウルにホワイトチョコレートを入れ、1を加えて泡立て器で混ぜ、乳化させる。冷蔵庫で一晩置く。

## デコールアマンド

**材料**(作りやすい分量)
アーモンドスライス …… 200g
ボーメ …… 30°シロップ …… 50g
粉糖 …… 120g
パンデピスパウダー …… 10g

**作り方**
ボウルにすべての材料を入れて混ぜ、オーブンシートを敷いた天板に薄く広げ、160℃のオーブンで10分焼く。

## その他
カカオパウダー

## ⇌組み立て⇋

1 直径3cm高さ2cmのセルクルにガナッシュエピセを5分目の高さまで入れてならし、冷凍する。
2 1にジュレフランボワーズをすりきりまで入れてならし、冷凍する。
3 シリコマートOde50型にムーステを8分目まで入れ、2をジュレフランボワーズを下にして中央まで押し込む。その上にムーステを絞ってパレットナイフですりきり、ビスキュイショコラをのせて軽く押さえ、冷凍する。
4 アンロバージュをボウルに入れて40℃程度に温める。
5 3の型を外し、竹串などでビスキュイの反対側を刺して持ち上げ、4のアンロバージュを下から⅔程度の高さまでつけ、網にのせて竹串を外す。
6 シャンティエピセを絞りやすいかたさに泡立て、星口金をつけた絞り袋に入れ、5の上に絞り、シャンティエピセにデコールアマンドをはりつける。カカオパウダーをふる。

# トロペジェン ア ラ フランボワーズ

**渡邊世紀**

ブリオッシュ生地でバタークリームをはさんだ素朴でシンプルな菓子に、
地元産の完熟フランボワーズをたっぷりと使用。フランボワーズの中でも酸味の強い品種を選び、
軽い食べ口を狙った。アンビバージュにもフランボワーズ果汁を使用。
バタークリームにオレンジフラワーウォーターを混ぜ、発祥地南仏の香りをただよわせる。

[主な構成要素]
（下から）パータブリオッシュ、クレームオブールアラネロリ、フランボワーズ、パータブリオッシュ

# パータブリオッシュ

**材料**（直径18cmのセルクル3台分）

A ┌ 牛乳 …… 27g
  └ 全卵 …… 177g
B ┌ インスタントドライイースト …… 4.3g
  └ グラニュー糖 …… 0.9g
水 …… 16g
C ┌ 強力粉 …… 268g
  │ グラニュー糖 …… 32g
  └ 塩 …… 5.4g
バター …… 161g
ぬり卵◆、パールシュガー …… 適量
◆ぬり卵…溶いた全卵1個と卵黄1個分を混ぜる。

**作り方**

1 ボウルにAを入れて泡立て器で混ぜ、湯煎で36℃まで温める。
2 水を人肌に温め、Bを加えて泡立て器で混ぜ、1に加えて混ぜる。
3 ミキサーボウルにCを入れ、泡立て器などでよく混ぜる。ミキサーにセットし、2を加えながらフックで低速で撹拌し、加え終わったら中速にしてさらに撹拌する。
4 3がボウルの内側からはがれるようになったら1cm角に切ったバターを指でつぶして数回に分けて加えながらさらに撹拌する。
5 生地がボウルの中心にまとまり、両手で持ってひっぱると薄い膜上にのびるようになったらバットに移す。ラップをかけて35℃の発酵器に入れ、50分ほど発酵させる（一次発酵）。
6 5をパンチしてまとめ直し、再びラップをかけて冷蔵庫で一晩おく。
7 6に打ち粉（分量外）をして200gずつに分割し、直径18cm程度の円形にのばす。シルパットにのせてそれぞれ18cmのセルクルをはめ、セルクルと隙間がないように生地のフチを押さえる。
8 7に水（分量外）を霧吹きし、35℃の発酵器に入れて50分ほど発酵させる（二次発酵）。
9 8の表面にぬり卵をハケでぬり、パールシュガーをふりかけて指で軽く押さえてつける。
10 180℃のオーブンで途中向きを変えながら40分ほど焼き、冷ます。

# クレームオブールアラネロリ

**材料**（作りやすい分量）

A ┌ 牛乳 …… 350g
  └ バニラビーンズ …… ⅛本
B ┌ 卵黄 …… 6個
  └ グラニュー糖 …… 210g
バター …… 490g
オレンジフラワーウォーター …… 3g
＊バターはポマード状にしておく。

**作り方**

1 バターをミキサーボウルに入れ、ミキサーで泡立てる。
2 鍋にAを入れ、火にかけて沸騰させる。
3 ボウルにBを入れて泡立て器でよくすり混ぜ、2を加えて混ぜる。
4 3を湯煎にかけて混ぜながら82℃まで炊き、別のボウルに漉し入れ、氷水にあてて混ぜながら23℃まで冷ます。
5 4を1に少しずつ加えながらミキサーで撹拌し、乳化させる。
6 5の300gを取り分け、オレンジフラワーウォーターを加えて泡立て器で混ぜる。

# アンビバージュ

**材料**（3台分）

フランボワーズ果汁 …… 133g
ガムシロップ
　（p.33アンビバージュ参照）…… 200g
水 …… 133g
フランボワーズリキュール …… 53g

**作り方**

すべての材料を混ぜる。

# その他

フランボワーズ（1台100gほど）、粉糖

# ❖組み立て❖

1 パータブリオッシュに1.3cmのバールをあて、上下に切り分ける。
2 1の上の生地の断面に100g、下の生地の断面に50gのアンビバージュを打つ。
3 9mmの丸口金をつけた絞り袋にクレームオブールアラネロリを入れ、2の下の生地の中心からフチの内側5mmほどのところまで、渦巻き状に隙間なく絞る。
4 3のクレームオブールアラネロリの上にフランボワーズを敷き詰め、その上に3と同量のクレームオブールアラネロリを絞り、パレットナイフでならす。
5 上の生地をかぶせて手で軽く押し、冷蔵庫で冷やす。
6 茶漉しで粉糖をふり、6等分にカットする。

# Various Berries

その他のベリーの生菓子

## ブルーベリーのチーズタルト

平野智久

「果物とチーズアパレイユと生クリームをシンプルに楽しませる」コンセプトで、
主役はたっぷりとのせたブルーベリー。加糖を抑えたアパレイユやクリームで、
果実感や自然な甘味を引き立てる。

[主な構成要素]
（下から）パートサブレ、チーズアパレイユ、生クリーム、ブルーベリー

## パートサブレ

**材料**（作りやすい分量）
＊p.116参照。1台あたり約120gを使用。

## チーズアパレイユ

**材料**（作りやすい分量）
＊p.117参照。好みでブルーベリーのピュレを適量加えて混ぜる。

## その他

ブルーベリー、ナパージュ、好みのブルーベリージャム、生クリーム（40％・加糖6％）

## ✦組み立て✦

1　パートサブレを3mmの厚さにのばし、直径14cmのマンケ型に敷き込み、冷蔵庫に30分程度入れて冷やし固める。

2　パートサブレの上にクッキングシートを敷いてタルトストーンをのせ、200℃に予熱したオーブンに入れ、173℃で23分焼く（ストーンを外してみて白っぽければストーンをのせ直して香ばしい焼き色がつくまで追加で焼く）。型に入れたまま冷ます。

3　2の底にブルーベリーを10粒ほど散らしてチーズアパレイユを8分目くらいまで流し入れ、200℃に予熱したオーブンに入れ、160℃で27分焼く（焼き上がりは少し膨らんでくる）。粗熱を取り、型に入れたまま冷蔵庫でしっかりと冷やす。

4　バーナーなどで型を温めて型から外し、焼いたチーズアパレイユの表面にジャムを少量ぬる。

5　丸口金をつけた絞り袋にしっかりと泡立てた生クリームを入れ、4の中心から外側に向けて渦を描く様に隙間なく絞る。最後はフチのパートサブレよりも少し内側で絞り終える（生クリームをタルトのフチいっぱいまで絞ると6でぬるナパージュがタルトの外に流れやすくなるため）。

6　5の上にブルーベリーを隙間なく敷き詰め、さらにこんもりと山高に盛る。

7　ナパージュを一度温めて少し冷まし、6のブルーベリーにぬって冷蔵庫で冷やし固める。フチに茶漉しで粉糖をふる。

# ブルーベリーとジャスミンのケーキ

## 栗田健志郎

以前より栗田氏が香りの相性のよさに着目していたブルーベリーとジャスミン茶の組合せ。
ジャスミン茶入りのケークやガナッシュモンテと、生と加熱のブルーベリーを合わせて
味わいの幅を出したムースが互いに引き立て合い、お茶の渋みが全体を引き締める。

［主な構成要素］
（下から）ケークオジャスマン
エミルティーユ、コンフィ
チュールミルティーユ、ムース
ミルティーユ、ガナッシュモン
テジャスマン、ブルーベリー

## ケークオジャスマンエミルティーユ

**材料**（57cm×37cm×高さ5.3mmのカードル1台分）
発酵バター …… 450g
太白ゴマ油 …… 100g
A ┌ グラニュー糖 …… 300g
　└ ハチミツ …… 50g
B ┌ 全卵 …… 420g
　└ 卵黄 …… 60g
粉末ジャスミン茶茶葉　25g
自家製タンプルタン
　（p.22ジェノワーズオザマンド参照）…… 300g
C ┌ 薄力粉 …… 150g
　│ 強力粉 …… 300g
　└ ベーキングパウダー　6g
ブルーベリー（フレッシュもしくは冷凍のホール）…… 400g
D ┌ ボーメ30°シロップ …… 200g
　│ ミネラルウォーター …… 200g
　└ 白ワイン（ソービニョンブラン）…… 200g
＊発酵バターはポマード状にしておく。
＊Cは合わせてふるっておく。
＊Dは混ぜておく。

**作り方**
1　ミキサーボウルに発酵バターを入れ、ミキサーの
　ビーターで低速で撹拌して均一にし、太白ゴマ油を
　加えてさらに撹拌し均一にする。さらにAを加え、少
　し白っぽくなるまで撹拌する。
2　ボウルにBを入れて混ぜ、湯煎で30℃に温める。
3　1に2を4〜5回に分けて加え、そのつどミキサーで
　撹拌して乳化させる。ダマができないよう時々ミキ
　サーを止めてボウルの内側やビーターをゴムベラ
　でさらう。
4　3にジャスミン茶茶葉、タンプルタンを加えて低速
　で撹拌し、ざっと混ざったら続けてCを加えて撹拌
　し、グルテンが形成されすぎるのを防ぐため粉が混
　ざりきる手前でミキサーを止め、カードで混ぜて生
　地を均一にする。
5　シリコンマットを敷いた天板に57cm×37cm×高さ
　5.3mmのカードルを置き、4を流し入れてパレットナ
　イフでならす。
6　ブルーベリーを5の生地に約3cm間隔で均等にのせ、
　軽く押さえる。
7　170℃のコンベクションオーブンで10分焼き、天板
　を反転してさらに12分焼く。
8　7が熱いうちに上面にハケでDを打つ。

## コンフィチュールミルティーユ

**材料**（57cm×37cm×高さ5.3cmのカードル1台分）
A ┌ ブルーベリー …… 500g
　└ 冷凍カシスホール …… 50g
B ┌ トレハロース …… 50g
　│ グラニュー糖 …… 75g
　└ HMペクチン …… 1.5g
レモン果汁 …… 50g
＊Bはボウルに入れて混ぜておく。

**作り方**
1　鍋にAを入れ、弱火にかける。汁気が出てきたら中
　火にし、木ベラで混ぜながら40℃まで加熱し、火を
　止める。
2　Bの入ったボウルに1を泡立て器で混ぜながら加
　え、鍋に戻し、再び中火にかけ木ベラで混ぜながら
　沸騰するまで加熱する。
3　火を止めてレモン果汁を加えて混ぜ、ブレンダーで
　撹拌する。
4　バットに流して落としラップをし、急速冷却機で冷
　やす。

## ムースミルティーユ

**材料**（57cm×37cm×5.3cmのカードル1枚分）

A ┌ ブルーベリー …… 250g
　│ カシスピュレ …… 150g
　└ レモン果汁 …… 75g
B ┌ 卵黄 …… 200g
　└ グラニュー糖 …… 250g
板ゼラチン …… 30g
ブルーベリー …… 250g
C ┌ マスカルポーネ …… 60g
　└ 生クリーム（45％）…… 1500g

**作り方**

1　Aを合わせてブレンダーにかけ、鍋に移し、火にかけて60℃まで加熱する。
2　ボウルにBを入れ、泡立て器ですり混ぜる。
3　2に1を2回に分けて泡立て器で混ぜながら加える。鍋に戻して中火にかけ、ゴムベラで混ぜながら81℃まで加熱する。
4　3をボウルに移し、ゼラチンを加え、混ぜて溶かす。
5　4にブルーベリー250gを加えてブレンダーで撹拌し、氷水にあててゴムベラで混ぜながら31℃まで冷ます。
6　ミキサーボウルにCを入れ、ミキサーで7分立てにする。
7　5に6の3分の1量を加え、泡立て器でムラがなくなるまでしっかりと混ぜる。再び6の3分の1量を加え、泡立て器ですくい混ぜる。残りの6を加え、混ぜ残しがないようボウルの底と側面をゴムベラでさらいながらすくい混ぜる。

## ガナッシュモンテジャスマン

**材料**（57cm×37cm×高さ5.3cmのカードル1台分）

A ┌ 牛乳 …… 300g
　└ 生クリーム（45％）…… 500g
ジャスミン茶茶葉 …… 45g
板ゼラチン …… 6g
ホワイトチョコレート …… 600g
B ┌ 生クリーム（45％）…… 500g
　└ 生クリーム（35％）…… 1000g

**作り方**

1　鍋にAを入れ、火にかけて95℃まで加熱し、火を止めてジャスミン茶茶葉を加え、ラップをかけて5分おいて風味を移す。
2　1を茶漉しで漉し、ゼラチンを加えてゴムベラで混ぜる。続けてホワイトチョコレートを加え、混ぜて溶かす。ブレンダーで撹拌して乳化させる。
3　2にBを加えてゴムベラで混ぜ、再びブレンダーで撹拌する。
4　落としラップをして冷蔵庫で一晩おく。

---

## その他

ブルーベリー適量（飾り）

## ✦組み立て✦

1　カードルをつけたままのケークオジャスマンエミルティーユにコンフィチュールミルティーユをのせてパレットナイフでならし、急速冷凍機に5分入れて冷やし固める。
2　1のカードルにムースミルティーユを全量流し入れ、パレットナイフでならす。急速冷凍機で完全に冷やし固める。
3　ガナッシュモンテジャスマンを絞りやすいかたさに泡立て、サントノレの口金をつけた絞り袋に入れる。
4　2のカードルを外し、上面いっぱいに3を絞り、急速冷凍機でガナッシュモンテが固まるまで冷やす。1個当たり9cm×3.5cmにカットする。

# ミルティーユ
# フロマージュ

**渡邊世紀**

白カビチーズを使ったムースで味わいに
複雑さを与えた「大人のブルーベリーチーズケーキ」。
センターのブルーベリーのコンポートジュレは
加熱時間を短くとどめ、素材の風味をいかす。

**[主な構成要素]**
(下から)シュトゥルイゼル、
ムースフロマージュ、グラ
サージュミルティーユ、ブ
ルーベリー
(センター)ブルーベリーの
コンポートジュレ
(ムースの周囲)トランペ
ショコラブラン

## シュトゥルイゼル

**材料**(作りやすい分量)

| | | |
|---|---|---|
| A | グラニュー糖 …… 225g | |
| | アーモンドパウダー …… 225g | |
| | 薄力粉 …… 225g | |
| | 塩 …… 4g | |
| バター …… 225g | | |

**作り方**

1 **A**を合わせてふるい、冷凍庫で冷やす。

2 フードプロセッサーに2つかみほどの1と、1cm角に
切ったバターひとつかみを入れ、撹拌してなじませ
る。これを繰り返して1とバターをすべてなじませ
る。

3 2をミキサーボウルに入れ、ミキサーのフックでま
とまるまで撹拌し、冷蔵庫で一晩おく。

4 3を網で漉してそぼろ状にする。

5 シルパンを敷いた天板に直径4.5cmのセルクルを並
べ、それぞれに4を6gずつ入れて敷き詰め、170℃
のオーブンで8分ほど焼く。

## ブルーベリーのコンポートジュレ

**材料**（作りやすい分量）

A ┌ ブルーベリー …… 1000g
　└ グラニュー糖 …… 140g
B ┌ ペクチン …… 12g
　└ グラニュー糖 …… 140g
レモン果汁 …… 168g
カシスリキュール …… 24g
＊Bは混ぜておく。

**作り方**

1　鍋にAを入れて火にかけ、ブルーベリーの水分が出て沸騰したらBを加えて混ぜ、再沸騰してから1分間加熱する。
2　火を止めてレモン果汁を加えて混ぜ、粗熱が取れたらカシスリキュールを加えて混ぜ、冷ます。
3　底にラップをかけて輪ゴムでとめた直径5.5cmセルクルに2を25gずつ入れ、冷凍する。

## ムースフロマージュ

**材料**（48個分）

クリームチーズ …… 689g
白カビチーズ（ブリアサヴァランプティモデル）…… 68g
板ゼラチン …… 14.8g
卵黄 …… 98g
ガムシロップ
　（p.33アンビバージュ参照）…… 105g
卵白 …… 156g
A ┌ グラニュー糖 …… 234g
　└ 水 …… 59g
生クリーム（35％）…… 626g

**作り方**

1　ボウルにクリームチーズを入れてゴムベラでほぐし、湯煎で40℃くらいまで温め、白カビチーズを加えてゴムベラでよく混ぜる。
2　別のボウルにゼラチンを入れ、1の一部を加えて湯煎で溶かし、1に戻して混ぜる。
3　別のボウルに卵黄を入れ、軽く沸かしたガムシロップを加えながら混ぜ合わせ、漉す。湯煎にかけてとろみがつくまで混ぜながら加熱する。
4　3をミキサーボウルに移してミキサーの高速で泡立て、じゅうぶんに立ったら低速にしてそのまま撹拌し、28℃まで冷ます。
5　鍋にAを入れ、火にかけて117℃まで熱する（シロップ）。別のミキサーボウルに卵白を入れてミキサーで泡立て、シロップを加えながらさらに立ててイタリアンメレンゲを作る。
6　ボウルに生クリームを入れて7分立てにし、5を加えてゴムベラで混ぜる。
7　2に4を加えてゴムベラで混ぜ、さらに6を加えて混ぜる。

## トランペショコラブラン

**材料**（作りやすい分量）

ホワイトチョコレート …… 400g
カカオバター …… 20g
澄ましバター …… 160g
チョコレート用色素（白）…… 20g
＊チョコレート用色素は溶かしておく。

**作り方**

1　ホワイトチョコレートを溶かし、チョコレート用色素とカカオバターを加えて混ぜる。
2　澄ましバターを1と同じ温度に調整して1に加え、ブレンダーで均一になるまで撹拌する。

## グラサージュミルティーユ

**材料**（作りやすい分量）

ナパージュヌートル
　（ハーモニー・スブリモ・ヌートル）…… 200g
コンフィチュールミルティーユ（下記参照）…… 20g

**作り方**

すべての材料を混ぜる。

## コンフィチュールミルティーユ

**材料**（作りやすい分量）

ブルーベリー …… 500g
A ┌ グラニュー糖 …… 250g
　└ 水 …… 63g
レモン果汁 …… 10g
ナパージュヌートル
（ハーモニー・クラシック・ヌートル）…… 42g

**作り方**

1　鍋にAを入れ、火にかけて117℃まで熱する。
2　1にブルーベリーを加えて加熱を続け、途中レモン果汁を加え、ブリックス58％まで煮詰める。
3　ナパージュヌートルを加えて再沸騰させ、冷ます。

## その他

ブルーベリー

## ➔組み立て❖

1　直径約7cmの花形のシリコン型にムースフロマージュを少量絞り、シュトゥルイゼルをのせて底まで押し込む。
2　1の上にムースフロマージュを絞り、コンポートジュレを押し込み、再度ムースフロマージュを絞ってすりきり、冷凍する。
3　2を型から外し、上面にグラサージュミルティーユをぬり、冷蔵庫で冷やし固める。
4　3に竹串を刺して持ち上げ、36℃のトランペショコラブランにフチまで沈めて余分をきり、上面にブルーベリーを飾る。

# ティト

## 昆布智成

ブラックベリーを思わせる赤い果実の香りとスパイシーさを持つ
チョコレートが構成の軸。スパイスやマールなどで
チョコレートのリッチな風味を広げ、ジュレミュールで
みずみずしさを与える。シャンティショコラはベリーと
相性のよい紅茶の風味をきかせ、つなぎ役とした。

[主な構成要素]
下から）ビスキュイショ
コラ、ガナッシュシエラ
ネバダ、シャンティショ
コラ、ブラックベリー
（センター）ガナッシュ
マール、クレモーエピス、
ジュレミュール
（ガナッシュシエラネバ
ダの周囲）グラサージュ
ショコラ

## ガナッシュマール

**材料**(作りやすい分量)

A ┌ 生クリーム（35％）…… 100g
 └ 水飴 …… 20g
ミルクチョコレート …… 180g
マール …… 20g

**作り方**

1 鍋にAを入れ、火にかけて沸かす。
2 ボウルにチョコレートを入れ、1を加えて泡立て器
 で混ぜ、乳化させる。
3 マールを加えて混ぜる。

## クレモーエピス

**材料**(作りやすい分量)

A ┌ 牛乳 …… 240g
 │ 生クリーム（35％）…… 100g
 │ バニラビーンズ …… $\frac{3}{10}$本
 │ シナモン …… 2本
 └ トンカ豆 …… 1個
B ┌ 卵黄 …… 60g
 └ グラニュー糖 …… 20g
ミルクチョコレート …… 115g

作り方
1 鍋にAを入れ、火にかけて沸かし、火を止めて蓋をし、20分おいて風味を移す。
2 ボウルにBを入れて泡立て器ですり混ぜ、1を漉し入れて混ぜる。鍋に戻し、火にかけて混ぜながらとろみがつくまで炊く。
3 ボウルにチョコレートを入れ、3を加えて混ぜ、乳化させる。

## ジュレミュール

**材料**(作りやすい分量)

A[ ブラックベリーピュレ …… 110g
フランボワーズピュレ …… 45g
グラニュー糖 …… 35g
板ゼラチン …… 2.5g

**作り方**
1 鍋にAを入れ、火にかけて沸かす。
2 火を止めてゼラチンを加え、混ぜて溶かす。
3 氷水にあてて混ぜながら冷やす。

## ガナッシュシエラネバダ

**材料**(作りやすい分量)

A[ 生クリーム(35%) …… 500g
牛乳 …… 140g
トリモリン …… 50g
グラニュー糖 …… 65g
ブラックチョコレート(64%・シエラネバダ) …… 370g
バター …… 80g

**作り方**
1 鍋にAを入れ、火にかけて沸かし、トリモリンとグラニュー糖を溶かす。
2 ボウルにチョコレートを入れ、1を加え、泡立て器で混ぜて乳化させる。
3 バターを加え、混ぜて乳化させる。

## ビスキュイショコラ
＊p.76参照。直径4cmの丸型で抜く。

## アンビバージュ

**材料**(作りやすい分量)
ボーメ30°シロップ …… 30g
マール …… 30g

**作り方**
すべての材料を混ぜる。

## グラサージュショコラ

**材料**(作りやすい分量)

A[ 水 …… 500g
グラニュー糖 …… 600g
水飴 …… 500g
コンデンスミルク …… 470g
板ゼラチン …… 3.5g
ブラックチョコレート(64%・シエラネバダ) …… 800g

**作り方**
1 鍋にAを合わせて火にかけ、沸かす。
2 火を止めてゼラチンを加え、泡立て器で混ぜて溶かす。
3 ボウルに刻んだチョコレートを入れ、2を加え、混ぜて乳化させる。

## シャンティショコラ

**材料**(作りやすい分量)
生クリーム(35%) …… 150g
紅茶茶葉 …… 20g
ミルクチョコレート …… 100g

**作り方**
1 鍋に生クリームを入れ、火にかけて沸かし、火を止めて紅茶茶葉を加えて蓋をし、10分おいて風味を移す。
2 ボウルにチョコレートを入れ、1を漉し入れて泡立て器で混ぜ、乳化させる。ラップをかけて冷蔵庫で一晩おく。
3 2を8mmの丸口金で直線状に絞り、冷凍する。長さ4cmにカットする。

## その他
ブラックベリー、金箔

## ✦組み立て✦

1 直径3cm高さ2cmのセルクルに、ガナッシュマール6mm、クレモーエピス8mm、ジュレミュール6mmの順に流し入れて冷凍する。
2 直径4.5cmの扁球形シリコン型にガナッシュシエラネバダを8分目まで絞り入れ、型から外した1をジュレミュールを下にして中央まで押し込み、さらにガナッシュシエラネバダを絞り入れてパレットナイフですりきる。
3 アンビバージュを打ったビスキュイショコラをのせ、冷凍する。
4 3を型から外してビスキュイを下にして網にのせ、40℃程度に温めたグラサージュショコラをかける。
5 シャンティショコラ、ブラックベリーをのせ、金箔を飾る。

# エクレールミュール

## 中山洋平

「にぶく中庸な味わいが個性」のブラックベリーが主役。
ブラックベリーの味をストレートに出したクーリと、ピュレをふんだんに混ぜたシャンティで
素材感を押し出し、クレームディプロマットに混ぜたサワークリームの控えめな酸で
軽やかな印象にまとめる。

[主な構成要素]
（下から）パータシュー、クレームディプロマット、クーリミュール、ブラックベリー、クレームシャンティミュール、ブラックベリー

## パータシュー

**材料**（15本分）

A ┌ 牛乳 …… 100g
  │ 水 …… 100g
  │ バター …… 100g
  │ グラニュー糖 …… 6g
  └ 塩 …… 2g
薄力粉 …… 120
全卵 …… 約4個分
クランブル◆ …… 適量

＊薄力粉はふるっておく。
◆クランブル…フードプロセッサーに薄力粉115g、色粉（赤2号）0.8g、アーモンドパウダー100g、グラニュー糖100g、発酵バター100gを入れて撹拌し、均一になったらOPPシートに挟んで2mm厚さにのばし、冷凍して13.5cm×2cmに切る。

**作り方**

1 鍋にAを入れ、火にかけて沸かす。
2 薄力粉を加えて泡立て器で混ぜる。鍋肌から生地がつるんとはがれるまで炒る。
3 2をミキサーボウルに移し、全卵を少量ずつ加えてミキサーのビーターで撹拌する。
4 3を直径1.2cmの12切星口金をつけた絞り袋に入れ、シルパンを敷いた天板に幅2cm×長さ13.5cmに絞る。
5 上にクランブルをのせ、上火190℃・下火170℃の平窯で35分ほど焼き、110℃～120℃のコンベクションオーブンに移して25分ほど乾燥焼きする。

## クレームディプロマット

**材料**（15本分）

クレームパティシエール◆ …… 300g
クレームシャンティ（加糖8％） …… 30g
サワークリーム …… 132g

◆クレームパティシエール…鍋に牛乳500g、バニラビーンズ1/2本を入れて沸かす(a)。ボウルに20％加糖卵黄96g、グラニュー糖74g、薄力粉40を入れて泡立て器でよく混ぜ、aを加えて混ぜて鍋に戻し、火にかけて混ぜながら炊き上げ、冷やす。

**作り方**

すべての材料を混ぜる。

## クーリミュール

**材料**（15本分）

クブラックベリーピュレ …… 450g
グラニュー糖 …… 72g
コーンスターチ …… 18g

**作り方**

1 鍋にすべての材料を入れてよく混ぜ合わせ、火にかけて混ぜながらツヤととろみがでるまで炊く。
2 1を1cm厚さにのばして冷凍する。
3 2を1.5cm×12cmに切る。

## クレームシャンティミュール

**材料**（15本分）

クレームシャンティ（加糖8％・9分立て） …… 300g
ブラックベリーピュレ …… 166g

**作り方**

ボウルにクレームシャンティを入れ、ブラックベリーピュレを加えて泡立て器で混ぜる。

## その他

ブラックベリー、金箔

## ✦組み立て✦

1 パータシューを底から2cmの高さにスライスし、底生地と蓋生地に分ける。
2 1の底生地にクレームディプロマットを絞り、その上にクーリミュールをのせ、さらにその上にクレームディプロマットを薄く絞り、ブラックベリーをのせる。
3 星口金をつけた絞り袋にクレームシャンティミュールを入れ、2のクーリミュールの周囲に間隔を空けて絞り、クーリミュールとブラックベリーの上にも絞る。
4 生地をのせ、中央にクレーミュシャンティミュールを少量絞り、ブラックベリーをのせ、金箔を飾る。

# パブロヴァ ア ラ グロゼイユ

## 渡邊世紀

赤スグリの酸味と心地よいえぐみをいかすため、高温にさらさず湯煎で果汁を引き出し、
素材自身のペクチンとごく少量のゼラチンでジュレにした。
そこにメレンゲの甘み、バニラの甘やかな香り、
マスカルポーネやブリュレのコクを合わせて甘酸っぱさの調和を楽しむ。

[主な構成要素]
(下から) ムラングヴァニーユ、クレームマスカルポーネ、ブリュレヴァニーユ、ジュレドグロゼイユ

## ムラングヴァニーユ

**材料**(20個分)
卵白 …… 120g
グラニュー糖 …… 113g
A ┌ グラニュー糖 …… 125g
　└ バニラのサヤの粉末 …… 2g
＊Aは混ぜておく。

**作り方**
1　ミキシングボウルに卵白を入れてミキサーで泡立て、途中グラニュー糖113gを3回に分けて加え、しっかりとしたメレンゲを作る。
2　1にAを2回に分けて加え、ゴムベラでさっくりと混ぜる。
3　星口金をつけた絞り袋に2を入れ、オーブンシートを敷いた天板に直径7cmほどの円に絞り、そのまま中心まで渦巻き状に隙間なく絞る(底生地になる)。そのフチの上に2を1周絞る(中央のくぼんだ器状になる)。
4　100℃の平窯で90分乾燥焼きし、営業後の熱の残った窯の中で一晩おく。

## ジュレドグロゼイユ

**材料**(25個分)
A ┌ 赤スグリ …… 500g
　└ グラニュー糖 …… 190g
レモン果汁 …… 12g
モスカートワイン …… 12g
板ゼラチン …… 8g

**作り方**
1　ボウルにAを入れてラップをかけ、沸騰させ火を止めた直後の湯で30分湯煎にかける。
2　1のボウルを一度湯煎から外し、湯を再沸騰させて火を止め、再びボウルを30分湯煎にかける。
3　2の赤スグリを裏漉し、ボウルに残った液体とともに鍋に入れる。レモン果汁を加え、火にかけて60℃まで温め、ゼラチンを加えて混ぜて溶かし、粗熱を取る。
4　モスカートを加えて混ぜ、20℃まで冷ます。
5　直径4.5cmのセルクルの底にラップをかけて輪ゴムでとめ、4を流し入れて冷凍する。

## ブリュレヴァニーユ

**材料**(直径4cm×深さ2cmの円形シリコン型48個分)
生クリーム(35％) …… 446g
バニラビーンズ …… ¼本
A ┌ 卵黄 …… 55g
　│ グラニュー糖 …… 46g
　└ トレハロース …… 13g

**作り方**
1　鍋に生クリームとサヤを割ったバニラビーンズを入れ、火にかけて沸騰させる。
2　ボウルにAを入れ、泡立て器で白っぽくなるまですり混ぜる。
3　2に1を加えて混ぜ、型に高さの半分程度まで流し入れ、100℃ヴァプールのスチームコンベクションオーブンで10分ほど焼く。粗熱を取り、冷凍する。

## クレームマスカルポーネ

**材料**(8個分)
マスカルポーネ …… 132g
生クリーム(35％) …… 90g
生クリーム(45％) …… 60g
グラニュー糖 …… 18g

**作り方**
ミキサーボウルにすべての材料を合わせ、ミキサーで7分立てにする。

## その他

ミロワールヌートル、赤スグリ

## ✦組み立て✦

1　星口金をつけた絞り袋にクレームマスカルポーネを入れ、ムラングヴァニーユの底に少量絞る。型から外したブリュレヴァニーユをのせて指で軽く押し込む。
2　ブリュレヴァニーユの上にクレームマスカルポーネを少量絞り、型から外したジュレドグロゼイユをのせる。ジュレドグロゼイユの上面にミロワールヌートルをかける。
3　ムラングヴァニーユのフチの上にクレームマスカルポーネを何周か絞り、ジュレドグロゼイユよりも少しだけ高い位置で止める。赤スグリを飾る。

# あじさいタルト

## 金井史章

出回り期間の短いフレッシュのカシスをふんだんに使い、初夏のひとときを味わうタルト。
カシスの鮮烈な甘酸っぱさとチーズクリームのコクの調和を楽しむ仕立てで、
チーズクリームの甘みは、チーズの味わいを引き立てる目的でコンデンスミルクを少量使うのみ。

[主な構成要素]
（下から）シュクレ生地、アパレイユ、コンフィチュール、シャンティチーズクリーム（チーズクリームの周囲）カシス、白スグリ、ナスタチウムの葉、アリッサムの花

# アパレイユ

材料（作りやすい分量）

A
- クリームチーズ …… 350g
- レモン果汁 …… 100g
- 生クリーム（42%）…… 100g

B
- 全卵 …… 225g
- グラニュー糖 …… 140g
- トレハロース …… 35g
- バニラペースト …… 10g

作り方
1 ボウルにAを入れ、ゴムベラで混ぜる。
2 別のボウルにBを入れ、泡立て器で混ぜる。
3 1に2を加えてゴムベラで混ぜる。

# シュクレ生地

材料（作りやすい分量）

A
- バター …… 90g
- 粉糖 …… 50g

全卵 …… 26g

B
- アーモンドパウダー …… 18g
- 薄力粉 …… 130g
- 塩 …… 0.4g

＊Bは合わせてふるっておく。

作り方
1 ミキサーボウルにAを入れ、ミキサーのビーターで撹拌して均一にし、全卵を少しずつ加えながら撹拌して乳化させる。
2 1にBを加えてゴムベラでさっくりと混ぜ、ラップで包み、冷蔵庫で一晩おく。

# シャンティチーズクリーム

材料（作りやすい分量）

A
- クリームチーズ …… 100g
- レモン果汁 …… 15g
- コンデンスミルク …… 20g

生クリーム（42%）…… 120g

作り方
1 ボウルにAを合わせ、ゴムベラでよく混ぜる。
2 生クリームを8分立てにし、1に2〜3回に分けて加えて混ぜる。

# コンフィチュール

材料（作りやすい分量）

A
- カシスピュレ …… 100g
- レモン果汁 …… 5g

B
- グラニュー糖 …… 40g
- NHペクチン …… 1.5g

※Bはよく混ぜておく。

作り方
1 鍋にAを入れ、火にかけて40℃まで温める。
2 1にBを加えてよく混ぜながら加熱し、完全に沸騰させて火を止め、冷ます。

# その他

カシス、白スグリ、アリッサムの花、ナスタチウムの葉、ナパージュヌートル

# ✦組み立て✦

1 シュクレ生地を2.5mm厚さにのばして直径6.5cm高さ1.7cmのタルトリングに敷き込み、180℃のオーブンで10〜15分空焼きし、冷ます。
2 1にアパレイユを流し入れ、180℃のオーブンで10分焼き、冷ます。
3 2のアパレイユの表面にコンフィチュールをぬり、シャンティチーズクリームをドーム状に絞る。
4 3のシャンティチーズクリームの全面にカシスをはりつけ、ところどころに白スグリもはりつける。ナパージュヌートルをぬり、アリッサムの花とナスタチウムの葉を飾る。

# パンオカシスフロマージュ

## 中山洋平

カシス風味のパンオレ生地で、カシスのチーズクリームをサンド。
クリームは常温保管可能で、冷蔵ケースの上に並ぶ菓子パンのイメージで仕上げた。
カシスと相性のよいクリを随所に用いて風味に奥行きを出し、
ココナッツファインで食感のメリハリをつける。

[主な構成要素]
（下から）パン生地、クリーム、マロングラッセ、ドライブルーベリー、（この上にパン生地がのる）
（パンの表面）ココナッツファイン

## パン生地

**材料**（25個分）
強力粉 …… 100g
中力粉 …… 400g
グラニュー糖 …… 60g
塩 …… 10g
スキムミルク …… 10g
練乳 …… 50g
A ┌ 生クリーム（35%）…… 50g
  │ 牛乳 …… 140g
  └ カシスピュレ …… 100g
全卵 …… 60g
セミドライイースト …… 4g
発酵バター …… 65g
＊手順1でこね上げ温度が22℃になるようAは温めておく。

**作り方**
1 ミキシングボウルにすべての材料を入れ、生地をのばしてみてしっかりと薄い膜ができるまで（グルテンが形成されるまで）、ミキサーのフックでミキシングをする。こね上げ温度22℃。
2 1を番重に移し、常温で1時間発酵させる。
3 2の生地を折りたたむようにパンチをし、30分常温でおく。
4 3を1個40gに分割し、丸め、番重の中に並べて15分おく。
5 4の生地を丸め直し、天板に並べ、ホイロ（温度28℃・湿度78%）で約2時間発酵させる。
6 上火220・下火170℃の平窯で18～22分焼く。

## クリーム

**材料**（25個分）
NEWホイップフロマージュ（サンモレ）…… 720g
カシスピュレ …… 132g
粉糖 …… 67g
クレームドマロン …… 31g

**作り方**
すべての材料を混ぜ、冷蔵庫で一晩おく。

## アンビバージュカシス

**材料**（25個分）
ボーメ30°シロップ …… 60g
カシスピュレ …… 45g
水 …… 20g

**作り方**
すべての材料を混ぜる。

## その他

ココナッツファイン、マロングラッセ、ドライブルーベリー、食用花

## ➔組み立て⬅

1 パン全体にボーメ30°シロップ（分量外）をぬり、ココナッツファインをつける。
2 1を底から2.5cmの厚さに切り、底生地と蓋生地に分ける。底生地にアンビバージュを打つ。
3 星口金をつけた絞り袋にクリームを入れ、2の底生地の上に絞り、蓋生地をのせる。
4 クリームにマロングラッセ、ドライブルーベリーをつけ、食用花を飾る。

# クランベリーと
# アメリカンチェリーの
# ヴェリーヌ

金井史章

「ストーンフルーツと相性がよい」というアーモンドの香りのブランマンジェと
アメリカンチェリーを合わせ、チェリーの渋味（ポリフェノール）との
共通項でクランベリーと赤紫蘇の風味も重ね、
さっぱりとした仕立ての中に味わいの奥行きを出した。
穂紫蘇でフレッシュな香りを添える。

[主な構成要素]
(下から)ブランマンジェ、クランベリーのキルシュ漬け、アメリカンチェリー、赤シソのジュレ、シャンティグリオット、花穂シソ

## ブランマンジェ

**材料**(50個分)
牛乳 …… 1500g
アーモンドミルク(冷たいもの) …… 1000g
生クリーム(35%) …… 700g
アマレット …… 50g
板ゼラチン …… 35g

**作り方**
1 鍋に牛乳を入れて火にかけ、沸いたら火を止めてゼラチンを加え、ゴムベラで混ぜて溶かす。アーモンドミルクを加えてよく混ぜ、さらにアマレットを加えて混ぜる。
2 1を氷水にあて、とろみが出るまで混ぜながら冷やす。
3 生クリームを6分立て(とろみはつくが、たらしたスジはすぐに消えるくらい)にし、2に加えてゴムベラですくい混ぜ、直径約6cm×高さ約8cmのグラスに流し、冷蔵庫で冷やし固める。

## クランベリーのキルシュ漬け

**材料**(作りやすい分量)
乾燥クランベリー …… 500g
キルシュ …… 250g

**作り方**
ボウルにクランベリーを入れ、キルシュを加えて一晩以上つける。

## 赤シソのジュレ

**材料**(作りやすい分量)
水 …… 850g
赤シソ …… 150g
グラニュー糖 …… 150g
レモン果汁 …… 50g
イナアガーF …… 7g

**作り方**
1 鍋に水を入れて沸かし、赤シソを加えてアクを取り、10分煮る。
2 1を漉し、液体にグラニュー糖、レモン果汁、イナアガーFを加えて混ぜる。容器に移して冷まし、冷蔵庫で冷やし固める。

## シャンティグリオット

**材料**(作りやすい分量)
A ┌ コンフィチュールグリオット(下記参照) …… 35g
  └ 生クリーム(42%) …… 220g

**作り方**
ボウルにAを入れて泡立て器で混ぜ、クネル型に抜きやすいかたさに泡立てる。

## コンフィチュールグリオット

**材料**(作りやすい分量)
A ┌ 冷凍グリオットホール …… 1500g
  │ グリオットピュレ …… 1500g
  └ グラニュー糖 …… 1500g
レモン果汁 …… 200g
LMペクチン …… 48g
※ペクチンはグラニュー糖の一部と混ぜておく。

**作り方**
1 鍋にAを入れて火にかけ、40℃になったらペクチンを加えてよく混ぜながらとろみがつくまで炊く。
2 レモン果汁を加えて混ぜる。

## その他

アメリカンチェリー、花穂シソ

## ✦組み立て✦

1 グラスに冷やし固めたブランマンジェの上に水気をきったクランベリーのキルシュ漬けをのせ、赤シソのジュレをのせる。
2 カットしてタネを取ったアメリカンチェリーを、断面がグラスの側面に接するように並べ入れる。
3 再び赤シソのジュレをのせ、クネルに抜いたシャンティグリオットをのせ、花穂シソを飾る。

# フィサリス

## 渡邊世紀

食用ホオズキのしっかりとした酸味からイチゴを連想し、
イチゴの定番菓子フレジエをホオズキで仕立てた。
「軽いえぐみもバタークリームとの相性がよい」と渡邊氏。
アンビバージュに移したカレンデュラの香りやアマレット、
ブランデーの風味で奥行きをもたせる。

［主な構成要素］
（下から）ジェノワーズアマンド、クレーム
ムースリーヌ、食用ホオズキ、ジェノワーズ
アマンド、ナパージュ

## ジェノワーズアマンド

**材料**（60cm×40cmのカードル1台分）

A┌ アーモンドパウダー …… 164g
 └ 粉糖 …… 83g
卵白 …… 55g
全卵 …… 1080g
グラニュー糖 …… 360g
薄力粉 …… 540g
バター …… 180g

＊薄力粉はふるっておく。＊バターは溶かしておく。

### 作り方

1 Aを合わせてボウルにふるい入れ、卵白を加えてゴムベラで混ぜ、ローマジパンを作る。
2 ミキサーボウルに1を入れ、全卵を数回に分けて加えながらゴムベラで均一に混ぜる。グラニュー糖を加えて湯煎にかけ、40℃くらいまで温める。
3 2をミキサーの高速で泡立て、しっかりと立ったら低速にしてさらに10分撹拌し、キメをととのえる。
4 3に薄力粉とバターを加えてゴムベラで混ぜる。
5 シルパットを敷いた天板にカードルをのせ、4を流し、160℃のオーブンで20分ほど焼き、冷ます。

## クレームムースリーヌ

**材料**（8cm×25cm×5cmのカードル1本分）

クレームオブール（下記参照）…… 218g
クレームパティシエール◆ …… 82g

◆クレームパティシエール…鍋に牛乳1000gとバニラビーンズ1本を入れて火にかけて温める（A）。ボウルに卵黄160g、グラニュー糖180gを入れて泡立て器ですり混ぜ、薄力粉90gを加えて混ぜ、Aを漉し入れて混ぜる。鍋に戻して火にかけ、混ぜながら薄力粉のコシが切れるまで炊く。

### 作り方

クレームオブールを18℃、クレームパティシエールを21℃に調整し、混ぜ合わせる。

## クレームオブール

**材料**（作りやすい分量）

牛乳 …… 150g
A┌ グラニュー糖 …… 150g
 └ 卵黄 …… 118g
B┌ 卵白 …… 82g
 └ グラニュー糖 …… 14g
C┌ 水 …… 54g
 └ グラニュー糖 …… 162g
バター …… 626g

＊バターはポマード状にしておく。

### 作り方

1 鍋に牛乳を入れ、火にかけて沸騰させる。
2 ボウルにAを入れて泡立て器ですり混ぜる。1を加えて混ぜ、鍋に戻して火にかけ、混ぜながら82℃まで炊く。
3 2をミキサーボウルに漉し入れ、ミキサーのビーターで撹拌して45℃まで冷ます。

4 鍋にCを入れ、火にかけて117℃まで熱する（シロップ）。別のミキサーボウルにBを入れてミキサーで泡立て、シロップを加えながらさらに立ててイタリアンメレンゲを作り、そのまま撹拌して30℃まで冷ます。
5 3にバターを数回に分けて加えながらビーターで撹拌して乳化させる。
6 5に4を2回に分けて加えてゴムベラで混ぜ、冷蔵庫で30分おく。

## アンビバージュ

**材料**（8cm×25cm×5cmのカードル1本分）

水 …… 300g
A┌ 乾燥カレンデュラ …… 3g
 └ バニラビーンズのサヤの粉末 …… 0.5g
B┌ ガムシロップ
 │ （p.33アンビバージュ参照）…… 200g
 │ ブランデー …… 13g
 └ アマレット …… 13g

### 作り方

1 鍋に水を入れ、火にかけて沸かし、火を止めてAを加えて蓋をし、3分ほどおいて風味を移し、漉す。
2 1の266gとBを混ぜる。

## その他

食用ホオズキ（1本あたり10〜12粒）、ナパージュ（黄色と赤色でオレンジに着色したスブリモ・ヌートル）

## ➣組み立て➣

1 ジェノワーズアマンドに1cm高さのバールをあて、2枚にスライスする。上下を重ねたまま1台あたり8cm×25cmにカットする。
2 1の下の生地のスライスした断面にアンビバージュを打ち、8cm×25cmのカードルの中に敷き込む。
3 9mmの丸口金をつけた絞り袋にクレームムースリーヌを2の上全体に絞る。カードルに接するクレームムースリーヌをパレットナイフでカードルの高さの半分くらいまですり上げる。
4 ホオズキを袋から取り出し、3のクレームムースリーヌの上にカードルに接しないように並べる。
5 4の上にクレームムースリーヌを絞り、カードでならす。クレームムースリーヌは6で上に絞る分を残しておく。
6 1の上の生地のスライスした断面にアンビバージュを打ち、5にのせ、残りのクレームムースリーヌを絞ってパレットナイフですりきり、冷蔵庫で冷やし固める。
7 上面にナパージュをぬり、カードルを外して9等分にカットし、カットしたホオズキの袋（分量外）を飾る。

# シブーストフリュイルージュ

## 金井史章

フリュイルージュやルバーブを使い、その酸味やみずみずしさでボリューム感のある
シブーストクリームやクラフティを軽い食べ口に仕上げる。
シブーストクリームのフリュイルージュはベリーの中でも酸味が個性的なフランボワーズと
グロゼイユにルバーブを合わせ、クラフティにはイチゴを使い、全体的にベリーを感じる仕立てに。

［主な構成要素］
（下から）シュクレ生地、アパ
レイユクラフティ、コンポー
トリュバーブ、シブーストフ
リュイルージュ（表面をキャ
ラメリゼ）、フランボワーズ
（センター）コンポートリュ
バーブ

## シュクレ生地

＊p.95 あじさいタルト参照。

## アパレイユクラフティ

**材料**（80個分）

A ┌ 全卵 …… 500g
  └ グラニュー糖 …… 250g
  ┌ 生クリーム（35％）…… 200g
B │ コンパウンドクリーム …… 350g
  └ 牛乳 …… 470g

**作り方**

1 ボウルにAを入れ、泡立て器で泡立てず卵のコシを
  切るように混ぜる。
2 1にBを加えて均一になるまで混ぜ、漉す。

## コンポートリュバーブ（焼き込み用）

**材料**（作りやすい分量）

A ┌ 冷凍イチゴ …… 1000g
  └ 冷凍ルバーブ …… 2000g
グラニュー糖 …… 270g
フランボワーズピュレ …… 500g
ハチミツ …… 270g

**作り方**

1 ボウルにAを入れて和え、水分が出てくるまでおく。
2 鍋に残りの材料と1を入れ、混ぜて火にかけ、素材
  感は残るがほぼ完全に煮崩れるまで炊いて冷ます。

## シブーストフリュイルージュ

**材料**（直径55mm×高さ40mmのセルクル20個分）

  ┌ ルバーブピュレ …… 100g
A │ グロゼイユピュレ …… 100g
  └ フランボワーズピュレ …… 175g
  ┌ 卵黄 …… 100g
B │ グラニュー糖 …… 60g
  │ トレハロース …… 30g
  └ 薄力粉 …… 40g
板ゼラチン …… 18g
キルシュ …… 40g
C ┌ グラニュー糖 …… 200g
  └ 水 …… 70g
卵白 …… 100g

**作り方**

1

鍋にAを合わせて沸かす。7も並行で作業を進め、
6と7ができあがるタイミングを合わせる。

2

ボウルにBを入れて混ぜ合わせる。

3

2に1を加えて混ぜる。

4

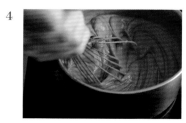

3を鍋に戻して火にかけ、混ぜながら炊き上げる。5
で水分が入る分ここでは生地の粘りが強いため、焦
げ付かないよう鍋底をさらってしっかりと混ぜる。

5

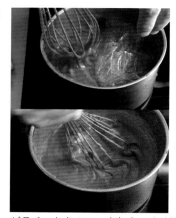

ゼラチンとキルシュを加えてよく混ぜる。

6

炊き上がったらボウルに移す。

7

鍋にCを合わせて火にかけ、120℃まで上げてシ
ロップにする。ミキサーで卵白を泡立て、シロップ
を少しずつ加えてさらに立て、しっかりとしたイタ
リアンメレンゲにする。

8

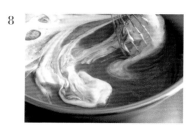

6が熱いうちに7の一部を加えて泡立て器でなじま
せるように混ぜる。

9

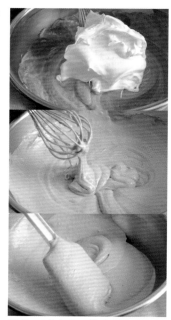

残りの7を加えて泡を潰さないように混ぜる。最後
は混ぜ残しがないようゴムベラですくい混ぜる。

## コンポートリュバーブ（センター用）

**材料**（シリコマートSF027・2シート分）

A [ イチゴ …… 140g
  [ ルバーブ …… 240g
グラニュー糖 …… 42g
B [ LMペクチン …… 7g
  [ グラニュー糖 …… 10g
レモン果汁 …… 10g

＊Bは混ぜておく。

**作り方**

1　Aを細かく刻んで鍋に入れ、グラニュー糖42gを加えて全体にまぶす。
2　1を火にかけて温め、40℃になったらBを加えて混ぜ、沸かす。
3　Aが煮崩れない程度に炊き、火を止めてレモン果汁を加えて混ぜ、型に流して冷凍する。

---

## その他

カソナード、乾燥イチゴパウダー、粉糖、フランボワーズ、ナパージュ、食用花

## ✦組み立て✦

1　シュクレ生地を2.5mm厚さにのばして直径6.5×高さ1.7cmのタルトリングに敷き込み、180℃のオーブンで10〜15分空焼きし、冷ます。

2

1の中にコンポートリュバーブ（焼き込み用）を数個置き、アパレイユクラフティを9分目まで流し入れ、180℃のオーブンで25分焼き、冷ます。

3

直径5.5cm×高さ4cmのセルクルにシブーストフリュイルージュを絞り入れ、コンポートリュバーブをすりきりよりもやや下まで埋め込む。

4

3の上にシブーストフリュイルージュを絞ってパレットナイフですりきり、冷凍する。

5　2に粉糖とイチゴパウダーを茶漉しでふり、セルクルを外した4をのせ、4にカソナードをふってバーナーでキャラメリゼする。
6　フランボワーズをのせてフランボワーズにナパージュをぬり、食用花を飾る。

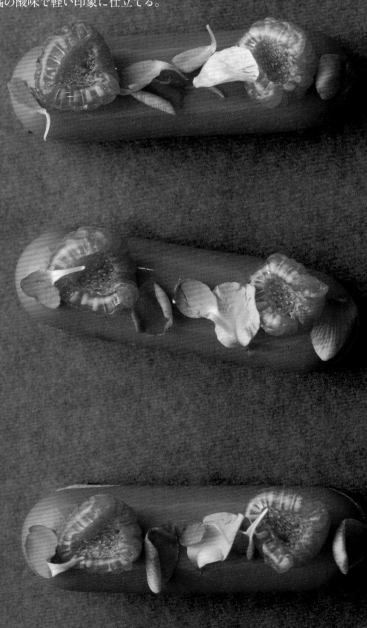

# フルーレット

## 昆布智成

咲きこぼれる種々の花をイメージし、赤い果実やライチ、
柑橘、バラなどの華やかなフレーバーで満たしたプチガトー。
センターの野イチゴのややねっとりとした甘みを重心とし、
フランボワーズや柑橘の酸味で軽い印象に仕立てる。

[主な構成要素]
（下から）パートシュクレ、
ムースフリュイルージュ、フ
ランボワーズ
（センター）クレモーアグ
リュム、コンポートフリュイ
ルージュ
（周囲）グラサージュ

## クレモーアグリュム

**材料**（作りやすい分量）

A ┌ レモン果汁 …… 300g
  └ オレンジ果汁 …… 200g
B ┌ 全卵 …… 500g
  └ グラニュー糖 …… 425g
板ゼラチン …… 2.5g
バター …… 700g

**作り方**
1 鍋にAを入れ、火にかけて沸かす。
2 ボウルにBを入れて泡立て器ですり混ぜ、1を加え
  て混ぜ、鍋に戻して混ぜながら火にかける。
3 2が沸騰したら火を止めて板ゼラチンを加え、混ぜ
  て溶かす。
4 バターを加え、混ぜて乳化させる。

## コンポートフリュイルージュ

**材料**（作りやすい分量）

A ┌ 冷凍フランボワーズブリゼ …… 50g
  │ 冷凍フレーズデボワ …… 58g
  │ グラニュー糖 …… 15g
  └ レモン果汁 …… 5g
板ゼラチン …… 1g
ライチリキュール …… 3g

**作り方**
1 鍋にAを入れ、火にかけて沸かす。
2 火を止めて残りの材料を加えて混ぜ、ゼラチンを溶
  かし、粗熱を取る。

## ムースフリュイルージュ

**材料**（10個分）

A ┌ フランボワーズピュレ …… 55g
  │ グロゼイユピュレ …… 40g
  │ ライチピュレ …… 14g
  └ グラニュー糖 …… 20g
板ゼラチン …… 5g
B ┌ 生クリーム（35％） …… 150g
  └ ローズシロップ（モナン） …… 7g

**作り方**
1 鍋にAを入れ、火にかけて温め、グラニュー糖を溶
  かす。
2 火を止めてゼラチンを加えて泡立て器で混ぜ、氷水
  にあてて混ぜながら粗熱を取る。
3 ボウルにBを合入れ、8分立てにする。
4 3に2の⅓量を加えて泡立て器でなじませるように
  混ぜ、残りの2を加えてすくい混ぜ、最後はゴムベ
  ラで混ぜ残しがないようすくい混ぜる。

## グラサージュ

**材料**（作りやすい分量）
ホワイトチョコレート
　（カカオバリー・ピストール・ゼフィール） …… 150g
A ┌ 水 …… 65g
  │ 生クリーム（35％） …… 50g
  └ 水飴 …… 3g
B ┌ グラニュー糖 …… 20g
  └ LMペクチン …… 2g
赤色粉 …… 少量
＊Bはよく混ぜ合わせておく。

**作り方**
1 鍋にAを合わせ、火にかけて40〜50℃に温める。
2 1にBを加え、泡立て器でよく混ぜながら沸かす。
3 ボウルに溶かしたホワイトチョコレートを入れ、2、
  赤色粉を加えて混ぜ、乳化させる。

## パートシュクレ

＊p.20参照。2mm厚さにのばして8cm×2cmの楕円型で抜き、160℃のコン
ベクションオーブンで15分焼き、冷ます。

## その他

フランボワーズ、ナパージュ、食用花

## ➔組み立て❖

1 40cm×20cmのカードルにクレモーアグリュムを流
  し、パレットナイフでならして冷凍する。
2 1のカードルにコンポートフリュイルージュを流し、
  パレットナイフでならして急速冷凍機で冷やす。
3 長さ9cm幅3cmの角の丸い楕円柱シリコン型にムー
  スフリュイルージュを6分目まで入れ、7cm×1.5cm
  に切った2をコンポートフリュイルージュを下にし
  て中央まで埋め込む。その上にムースフリュイルー
  ジュを絞ってすりきり、冷凍する。
4 3を型から外して網にのせ、グラサージュをかける。
5 2をパートシュクレにのせ、カットしてナパージュ
  をぬったフランボワーズ、食用花を飾る。

# ジャルダンフルーリ

## 金井史章

ブラックベリーやスミレの、重心の低いエレガントな香りを主役に、
ラベンダーやゼラニウムの香りも加わった、花と小さな果実で満ちる初夏の庭園をイメージ。
センターのジュレはみずみずしく、周囲のムースはごく軽い口どけで、余韻に濃密な香りが長く残る。

[主な構成要素]
（下から）ビスキュイジョコンド、柑橘とゼラニウムのムース、ミュールのクレーム、ビオラ
（センター）ベリーのジュレ、ブリュレ

# ブリュレ

**材料**（シリコマート SF027 使用・230 個分）
コンパウンドクリーム …… 500g
板ゼラチン …… 30g
A 「 20％加糖卵黄 …… 1000g
　 グラニュー糖 …… 400g
　 アーモンドペースト …… 200g
生クリーム（35％）…… 2600g
ラベンダーエッセンス …… 4滴

**作り方**
1　コンパウンドクリームを温め、ゼラチンを加えて溶かす。
2　ボウルにAを入れて泡立て器で混ぜ、1を加えて混ぜる。
3　2に生クリームを加えて混ぜ、ラベンダーエッセンスを加えて混ぜる。液面にラップを密着させ、冷蔵庫で2時間おく。
4　3を型の半分の高さまで流し入れ、95℃のオーブンで25分ほど焼き、冷凍する。

# ベリーのジュレ

**材料**（300 個分）
A 「 ブラックベリーピュレ …… 1600g
　 イチゴピュレ …… 600g
　 フランボワーズピュレ …… 2000g
B 「 トレハロース …… 200g
　 グラニュー糖 …… 400g
板ゼラチン …… 82g
C 「 冷凍ブラックベリー …… 1000g
　 冷凍カシス …… 300g
D 「 スミレエッセンス …… 40滴
　 ゼラニウムエッセンス …… 2滴

**作り方**
1　鍋にA、Bを入れて火にかけ、沸騰したらCを加える。

2

再び沸騰したら火を止め、Dを加えて混ぜ、さらにゼラチンを加えて混ぜて溶かす。

# 柑橘とゼラニウムのムース

**材料**（128 個分）
A 「 水 …… 250g
　 グラニュー糖 …… 730g
卵白 …… 380g
B 「 ベルガモットピュレ …… 100g
　 ピンクグレープフルーツピュレ …… 280g
　 グロゼイユ果汁 …… 250g
板ゼラチン …… 73g
C 「 生クリーム（35％）…… 1180g
　 コンパウンドクリーム …… 120g
ゼラニウムエッセンス …… 1滴

**作り方**
1　鍋にAを入れて火にかけ、121℃のシロップにする。ミキサーで卵白を泡立て、シロップを少しずつ加えてさらに立て、イタリアンメレンゲにする。

2

ボウルにBを入れ、ゼラニウムエッセンスを加える。

3　ゼラチンを電子レンジで温めて溶かし、2の一部を加えて混ぜ、2のボウルに戻して混ぜる。
4　1に3の一部を加えて泡立て器でムラなく混ぜ、3のボウルに戻して泡を潰さないように混ぜる。
5　Cを合わせて6分立てにし、4に加え、泡立て器ですくい混ぜる。最後はゴムベラで混ぜ残しがないようすくい混ぜる。

# ビスキュイジョコンド

＊p.29参照。直径6cmのセルクルで抜く。

## アンビバージュ

**材料**（作りやすい分量）
ボーメ30°シロップ …… 200g
水 …… 200g
コアントロー40° …… 40g

**作り方**
鍋にすべての材料を入れて火にかけ、ひと煮立ちさせる。

---

## ナパージュグロゼイユ

**材料**（作りやすい分量）
A ［ ナパージュ（スブリモ・ヌートル） …… 2400g
　　ボーメ30°シロップ …… 400g
　　コアントロー40° …… 140g
グロゼイユ果汁 …… 適量

**作り方**
Aを合わせて温め、使用する分をグロゼイユ果汁と混ぜる。

---

## ミュールのクレーム

**材料**（作りやすい分量）
コンフィチュールミュール（下記参照） …… 262g
ホイップクリーム …… 1650g

**作り方**
1 ボウルにコンフィチュールミュールを入れ、ホイップクリームの一部を加えて均一になるまで泡立て器で混ぜる。
2 残りのホイップクリームを加えて混ぜる。

---

## コンフィチュールミュール

**材料**（作りやすい分量）
A ［ ブラックベリーピュレ …… 1000g
　　レモン果汁 …… 48g
B ［ グラニュー糖 …… 400g
　　NHペクチン …… 16g
＊Bは混ぜておく。

**作り方**
1 鍋にAを入れて火にかけ、40℃程度に温まったらBを混ぜながら加え、さらに混ぜながら加熱する。
2 沸騰してから1分炊き続け、冷やす。

---

## その他
ビオラ、アリッサムの花

## ✛組み立て✚

1 ブリュレの入った型にベリーのジュレをすりきりまで流し入れ、冷凍する。

2

シリコマートSF163型の8分目まで柑橘とゼラニウムのムースを絞り入れ、型から外した1をすりきりよりやや下まで埋め込む。

3 その上にムースを絞ってすりきり、温めたアンビバージュを打ったビスキュイジョコンドをのせて冷凍する。

4

型から外した3を網にのせ、ナパージュグロゼイユを3周ほど回しかける。5でクレームを絞りやすいよう、中央にはかけない。

5 星口金をつけた絞り袋にミュールのクレームを入れ、4の上に高さが出るように絞る。

6 クレームにビオラ、アリッサムの花を飾る。

# ベリーの焼き菓子、
# コンフィズリー

# いちごの焼タルト

## やまだまり

地元兵庫県神戸市産の生の「おいCベリー」をしっかりと焼き込み、みずみずしいタルトに。
加熱中ににじみ出る果汁を吸ったしっとりと甘酸っぱいクレームダマンドと、
焼き込まれた周囲のブリゼ生地や、加熱で凝縮したイチゴの表面部分が味わいの層を作る。

## パートブリゼ

**材料**（作りやすい分量）

バター …… 100g

A
┌ 薄力粉 …… 150g
│ 全粒粉 …… 50g
│ グラニュー糖 …… 10g
└ ゲランドの塩 …… 3g

B
┌ 全卵 …… 1個
└ 冷水 …… 15g

＊バターは1cm角にカットし冷凍しておく。その他すべての材料は冷蔵庫で冷やしておく。
＊Bはよく混ぜておく。

**作り方**

1　フードプロセッサーにA、バターを入れ、ガッガッと短時間スイッチを入れては切り、バターが小豆程のサイズになるまで撹拌する（フードプロセッサーがない場合は手早く両手ですり合わせる）。

2　1にBを少しずつ加え、そのつど1のようにごく短時間撹拌する。全体がざっくり混ざったらまとめてラップで包み、冷蔵庫で1時間以上おく。

## クレームダマンド

**材料**（作りやすい分量）

発酵バター …… 45g

バター …… 55g

サワークリーム …… 10g

バニラペースト …… 少々

A
┌ 粉糖 …… 70g
└ スキムミルク …… 5g

全卵 …… 85g

アーモンドパウダー …… 120g

**作り方**

1　ボウルに発酵バター、バターを入れ、泡立て器で混ぜてやわらかくし、サワークリーム、バニラペーストを加えてなじませるように混ぜる。

2　Aを加え、白っぽくふんわりするまで混ぜる。

3　全卵を少しずつ加え、つどよく混ぜて乳化させる。

4　アーモンドパウダーを加え、よく混ぜる。

---

## その他

いちごjam（p.129参照）、イチゴ（おいCベリー）、アーモンドスライス、ピスタチオ、タイム

---

## ✦組み立て✦

1　直径16cmのタルトリング1台につき150gのパートブリゼを約3mm厚さにのばして型に敷き込み、180℃のオーブンで15分ほど空焼きし、冷ます。

2　1の底に1台につき30gのいちごjamを敷き、160gのクレームダマンドを絞ってパレットナイフでならす。

3　2の上にイチゴを並べ、周囲にアーモンドスライスを飾る。

4　170℃のオーブンで35〜40分焼く。様子をみながら、イチゴの水分が多ければ長めに、少なければ短めに調整する。焼き上がりの5分ほど前にピスタチオを散らし、焼き上げ、冷ます。タイムを飾る。

# いちごのパウンドケーキ

## やまだまり

小粒のイチゴをオーブンで加熱して軽く水分をとばしてから生地に混ぜ込んだケーキで、
しっとりとした生地に、みずみずしい味わいと華やかな香りのいきたイチゴがなじむ。
フレッシュな風味が落ちないうちにできるだけ早く食べきる、生菓子感覚の焼き菓子。

**材料**(17cm×8cm×高さ7cmのパウンド型1台分)
イチゴ(おいCベリー・小粒) …… 200g
バター …… 120g
きび砂糖 …… 100g
全卵 …… 100g
A ［ 薄力粉 …… 100g
　 強力粉 …… 20g
　 ベーキングパウダー …… 3g
＊バター、全卵は常温に戻しておく。
＊Aは合わせてふるっておく。

**作り方**

1　イチゴは洗って水気をよくきり、ヘタを取り半分に
　カットする。カットした面を上にして天板に並べ、
　170℃のオーブンで10〜15分焦がさないように焼
　いて水分をとばし、冷ます。
2　ボウルにバターを入れてゴムベラで練り、きび砂糖
　を加え、泡立て器で空気を含ませるように白っぽく
　ふんわりするまで混ぜる。
3　全卵を少しずつ加え、つどよく混ぜて乳化させる。
4　Aを一気に加え、粉っぽさがなくなりツヤが出るま
　でゴムベラで切り混ぜる。
5　1を加え、イチゴが生地全体にいきわたるように
　さっくり混ぜる(イチゴをつぶさないように、かつ生
　地を混ぜすぎないよう注意)。
6　敷紙を敷いた型に5の⅓量を入れ、トントンと台に
　打ちつけて型になじませる。残りの生地も型に入
　れ、同様になじませて表面を平らにし、中央にペ
　ティナイフで深さ2cmほどの切り込みを入れる。
7　6を180℃のオーブンで15分焼き、170℃に下げて
　さらに30〜35分焼く。竹串を刺して何もついてこ
　なければ型から外して冷ます。

「甘みと酸味のどちらもしっかりとあり、
水分が多すぎず焼き菓子にも向く」と、
やまだ氏が数年にわたり使い続ける兵
庫県神戸市西区・竹内農園の「おいCベ
リー」。

# ラズベリーの焼きタルト

## 平野智久

生のラズベリーをタルト台にのせて1時間以上かけて焼き込み、
果実の凝縮された風味と中からじゅわっと出る水分、
ガリッと焼き上がった生地の力強い味の取り合せを楽しませる。

## パートサブレ

**材料**(直径15cmのタルト型約8台分)
バター …… 450g
ローマジパン …… 330g
きび砂糖 …… 100g
薄力粉 …… 700g
塩 …… 5g
＊バターは常温に戻し、ローマジパンとかたさを揃えておく。

作り方
1 ミキサーボウルにバターとローマジパンを入れ、ミキサーのビーターで撹拌する。混ぜすぎて空気を含ませすぎないよう注意する。
2 1にきび砂糖と塩を加え、さらに撹拌する。
3 薄力粉を加えてまとまるまで撹拌し、ポリ袋に入れ、冷蔵庫で1時間以上おく。

## パートダマンド

**材料**(約8台分)

A ┌ バター …… 400g
  │ きび砂糖 …… 450g
  └ 塩 …… 5g
B ┌ 卵黄 …… 8個分
  └ 全卵 …… 2個
アーモンドパウダー …… 700g
ラム酒 …… 15g
＊バターはポマード状にしておく。
＊Bは混ぜて常温に戻しておく。

**作り方**

1 ミキサーボウルにAを入れ、ゴムベラですり混ぜる。
2 1をミキサーにセットし、Bを数回に分けて加えながらビーターで撹拌して乳化させる。撹拌しすぎて空気を含ませすぎないよう注意する。
3 アーモンドパウダーとラム酒を加え、均一になるまで撹拌する。

## チーズアパレイユ

**材料**(約8台分)

クリームチーズ …… 500g
A ┌ きび砂糖 …… 100g
  └ 塩 …… 2g
B ┌ コンデンスミルク …… 25g
  └ オレンジピュレ …… 25g
牛乳 …… 30g
全卵 …… 4個
薄力粉 …… 30g
生クリーム(40%) …… 500g

**作り方**

1 ボウルにクリームチーズを入れ、ゴムベラで練ってやわらかくする。Aを加え、泡立て器ですり混ぜる。
2 Bを加えてしっかりとすり混ぜ、乳化させる。
3 牛乳、全卵を順に加えてそのつど均一に混ぜる。
4 薄力粉を加えてすり混ぜ、さらに生クリームを加えて混ぜ、目が細かめの漉し器で漉す。

## クランブルクッキー

**材料**(作りやすい分量)

バター …… 50g
きび砂糖 …… 50g
塩 …… 2g
薄力粉 …… 100g

**作り方**

1 フードプロセッサーにすべての材料を入れ、均一に混ざって生地がまとまるまで撹拌する。
2 1をボウルに入れ、両手のひらにはさんですり合わせて崩し、そぼろ状にする。

## その他

ラズベリー(20〜25粒)、好みのベリージャム、ミックスベリーピュレを混ぜたナパージュ、生クリーム(40%・加糖6%)

## ⇴組み立て⇷

1 パートサブレを3mm厚さに伸ばし、ピケをして、直径15cmの底抜けタルト型に敷き込み、冷蔵庫で20分ほど冷やす。
2 1のパートサブレに1台あたり100〜120gのパートダマンドをのせ、パレットナイフでならす。
3 2の上に好みのベリージャムを少量敷き、ラズベリーを全体に並べ、チーズアパレイユを型いっぱいに流し入れる。
4 3の上にクランブルクッキーを適量散らし、予熱200℃のオーブンに入れ175℃で60分焼き、粗熱を取り型から外す。
5 4の上面にミックスベリーを混ぜたナパージュをぬり、冷蔵庫でしっかりと冷やし固める(カットする場合冷凍庫で冷やしてもよい)。
6 5のフチに粉糖をふり、しっかりと泡立ててクネルに成形した生クリームをのせ、ラズベリーを添える。

# リンツァートルテ

## 山内ももこ

フランボワーズジャムは、生地にしみ込まず、
かつ焼き込んで冷めた時に飴のように固まらず
ねちっとした食感となる炊き具合がポイント。
生地はしっかりとスパイスをきかせ、
クルミを混ぜ込んで香ばしさと
軽快な歯ざわりを加えており、端がザクッと、
内部はわずかにしっとりとした焼き上がり。

## コンフィチュール

**材料**(作りやすい分量)
冷凍フランボワーズブリゼ …… 1000g
グラニュー糖 …… 750g
水飴 …… 250g
ジャムベース(ジャムベースS) …… 45g
＊ジャムベースはグラニュー糖の一部とよく混ぜ合わせておく。

**作り方**

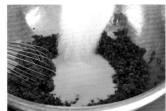

銅鍋にフランボワーズを入れて火にかけ、半ば溶け
て水分が出てきたらグラニュー糖と水飴を加え、混
ぜながら加熱する。

50℃程度になったらジャムベースを加え、さらに混
ぜながら加熱してブリックス64％まで煮詰める。糖
度が高まるにつれて銅鍋の側面についた部分が結
晶化しやすくなるため、ゴムベラなどで落としなが
ら混ぜる。

ブリックス64％になったところ。ボウルに移して急
速冷却する。

冷却後の状態。

# 生地

**材料**（直径18㎝の底抜けタルト型3台分）

発酵バター …… 218.5g
グラニュー糖 …… 187.5g
A ┌ 塩 …… 4.5g
  ├ 全卵 …… 68g
  └ 牛乳 …… 62.5g
B ┌ アーモンドパウダー …… 156g
  ├ ケーキクラム（粉状）◆ …… 156g
  └ 薄力粉 …… 156g
シナモンパウダー …… 8g
クルミ …… 183g

＊バターはポマード状にしておく。

＊Aは常温に戻して混ぜておく。

＊Bは混ぜておく。
◆ケーキクラム…ジェノワーズやチョコレート入りの生地の端材をオーブンで乾燥させたもの。

**作り方**

1 クルミをフードプロセッサーに入れ、油脂がにじまないよう短時間ずつ数回に分けて撹拌し、焼き上がり後の生地を噛んだ際に粒感を感じられる程度に粗く砕く。

2

目の粗い漉し器で漉し、粒の大きすぎるものは再びフードプロセッサーにかけてちょうどよい大きさにする。

3

グラニュー糖とシナモンパウダーをしっかりと混ぜ合わせる。

4

ボウルにバターを入れて泡立て器ですり混ぜ、3を加えて均一になるまですり混ぜる。

5
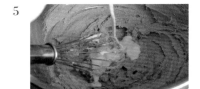
Aを何度かに分けて加えながら混ぜ、乳化させる。乳化したらボウルの内側をカードできれいにさらってまとめる。

6

Bを2回に分けて加え、カードでさっくりと切り混ぜる。

7

生地がまとまったらクルミを加え、さっくりと切り混ぜる。

8

できあがり。生地の温度は20℃前後が扱いやすい。温度が下がらないうちに組み立て作業をする。

## ➹組み立て❦

1

直径18㎝の底抜けタルト型にオイルスプレー(分量外)を薄く吹きつけ、生地を1台につき160gずつ底いっぱいに絞り入れる。

2

パレットナイフでならし、フォークでピケする。

3 155℃のオーブンで15分ほどうっすら色づく程度に空焼きし、型に入れたまま粗熱を取る。

4

コンフィチュールを1台につき70gのせ、フチを1㎝程度残してパレットナイフで平らにぬり広げる。

5

直径0.9㎝の丸口金をつけた絞り袋に生地を入れ、4のフチ部分に1周絞る。

6

コンフィチュールの上に斜めの格子状に生地を絞る。それぞれの絞り始めと絞り終わりはフチの生地につける。

7

再度フチに生地を1周絞る。フチと上に絞った生地は1台あたり計150g程度。

8 155℃のオーブンで15〜20分ほど、格子状の生地の、下に重なっている生地までしっかりと焼き色がつくまで焼く。

「菓子工房ichi」の店の横に植えられたキイチゴの木。まだ収穫できる数が少ないが、いつか自家栽培の実を使ってジャムをつくりたいと山内氏。

# ブルーベリーの
# タルト

## 小山千尋

ブルーベリージャムの青々とした
果実味にヨモギの苦味を合わせて
味わいの奥行きを出し、
随所に用いた皮付きヘーゼルナッツの
香ばしさで立体感を与えた。
柑橘の皮のコンフィで
きれいな印象の後味にまとめる。

## サブレ生地

**材料**（18個分）
バター …… 200g
粉糖 …… 136g
全卵 …… 84g
A ┌ アーモンドパウダー …… 100g
　│ 小麦粉（エクリチュール）…… 336g
　└ ベーキングパウダー …… 5.7g
＊バターは室温に戻しておく。
＊Aは合わせてふるっておく。

**作り方**
1　バターをフードプロセッサーで撹拌しなめらかに
　する。
2　粉糖を加えて撹拌する。
3　全卵を数回に分けて加えて撹拌し、乳化させる。
4　3をボウルに移し、Aを加えてゴムベラでさっくりと
　混ぜる。ラップで包み、冷蔵庫で1時間以上おく。

## クレムダマンド

**材料**（18個分）
バター …… 100g
素焚糖 …… 100g
全卵 …… 100g
A ┌ アーモンドパウダー …… 45g
　│ ヘーゼルナッツパウダー …… 45g
　│ 薄力粉 …… 40g
　└ 乾燥ヨモギパウダー◆ …… 10g
＊バターは室温に戻しておく。
＊Aは合わせてふるっておく。
◆乾燥ヨモギパウダー…ヨモギの葉をよく洗い、60℃のオーブンで1時間
程度入れてパリッと乾燥させ、ミキサーで粉末にする。

**作り方**
1　ミキサーボウルにバター、素焚糖を入れ、ミキサー
　のビーターで撹拌し、均一にする。
2　全卵を数回に分けて加えて撹拌し、しっかりと乳化
　させる。
3　Aを2回に分けて加え、撹拌して均一にする。

## ブルーベリージャム

**材料**（18個分）
ブルーベリー …… 350g
甜菜糖30％ …… 105g
レモン汁 …… 適量

**作り方**
鍋にブルーベリー、甜菜糖を入れて火にかけ、ブリック
ス55％まで炊き、レモン汁を加えて混ぜ、冷ます。

## ヘーゼルナッツクランブル

**材料**(作りやすい分量)
小麦粉(エクリチュール) …… 90g
素焚糖 …… 90g
アーモンドパウダー …… 45g
ヘーゼルナッツパウダー …… 45g
バター …… 90g
＊バターは角切りにして冷やしておく。

**作り方**
1 フードプロセッサーにバター以外の材料を入れ、撹拌して均一にする。
2 バターを加え、撹拌して粉っぽさのないそぼろ状にする。

## スコーン生地

**材料**(約16個分)
A ┌ 薄力粉 …… 415g
　│ 全粒粉(粒子が粗めのものを含むもの) …… 52g
　│ 塩 …… 3g
　│ ベーキングパウダー …… 11.4g
　└ 乾燥ミント◆ …… 3.2g
甜菜糖 …… 124.5g
バター …… 145.5g
B ┌ 全卵 …… 145.5g
　│ 牛乳 …… 62.5g
　└ 生クリーム(38％) …… 21g
＊Aは合わせてふるっておく。
◆乾燥ミント……ミントの葉を乾燥させミルでパウダーにしたもの。
＊バターは角切りにして冷蔵庫でよく冷やしたものを使う。
＊Bは混ぜておく。

**作り方**
1 フードプロセッサーにA、甜菜糖、バターを入れて撹拌し、さらさらとした状態にする。
2 1にBを加え、短時間の撹拌を繰り返して全体がだいたいまとまった状態にする。
3 打ち粉(分量外)をした台に2を取り出し、麺棒で1.5cm厚さにのばし、それを半分に折る。冷蔵庫で1時間以上おく。
4 3を3cm×4cmにカットし、180℃のオーブンで20分焼く。

# スコーンと
# 発酵イチゴジャム

## 小山千尋

イチゴの甘やかな風味に、発酵による酸味、旨味、香りを加えて新たな味わいのバランスに。
無加糖のダブルクリームとともにスコーンに挟んだ。

## その他
ローストヘーゼルナッツ(半割)、柑橘の皮のコンフィ

## ❖組み立て❖

1 サブレ生地を3mm厚さにのばし、6×4cmの楕円型に敷き込む。
2 1にクレムダマンドを20gずつ絞り入れてならし、その上にブルーベリージャムを20gずつ入れてならす。
3 2の上にヘーゼルナッツクランブルを6gずつ、ローストヘーゼルナッツを6gずつのせて165℃のコンベクションオーブンで20〜23分焼き、冷ます。
4 柑橘の皮のコンフィをのせる。

## 発酵イチゴジャム

**材料**(作りやすい分量)
イチゴ …… 正味200g
甜菜糖 …… 20g＋40g

**作り方**
1 イチゴのヘタを取って半割りにし、消毒した瓶に入れる。甜菜糖20gを加えてゴムベラでよく混ぜ、軽くラップをかけて常温におく。翌日以降は1日に1回以上混ぜ、イチゴが白くなり泡が出て酸味の強い香りが出たら発酵完了。夏は2日、冬は1週間ほどが目安。
2 1を鍋に移し、甜菜糖40gを加え、火にかけて時々ゴムベラで混ぜながらブリックス55％まで炊き、冷ます。

# サブレカカオ
# フランボワーズ

### 昆布智成

定番のフランボワーズとチョコレートの組み合わせに、
パンデピスパウダーのスパイス香のアクセントを加えた。
ザクザクのサブレ、ねっとりとしたフランボワーズジャム、
ガリッとしたカカオニブによる
食感のコントラストで飽きさせない。

## サブレ生地

材料(作りやすい分量)
バター …… 240g

A
┌ 粉糖 …… 100g
│ きび砂糖 …… 100g
│ 塩 …… 5g
└ パンデピスパウダー …… 20g

全卵 …… 50g

B
┌ アーモンドパウダー …… 95g
│ 薄力粉 …… 340g
└ カカオパウダー …… 35g

卵黄、カカオニブ …… 適量

＊Bは合わせてふるっておく。

作り方
1 ミキサーボウルにバターを入れてミキサーのビーターでほぐし、**A**を加えて均一になるまで撹拌する。
2 全卵を少しずつ加えながら撹拌し、乳化させる。
3 **B**を加えて撹拌し、まとまったらラップで包み、冷蔵庫で2時間以上おく。
4 3を2mm厚さにのばし、直径4cmの丸型で抜き、シルパンを敷いた天板に並べる。その半量の表面に溶いた卵黄をぬり、カカオニブをのせる。
5 160℃のコンベクションオーブンで15分焼き、冷ます。

## コンフィチュールフランボワーズ

**材料**(作りやすい分量)
フランボワーズピュレ …… 100g
**A**⌈ グラニュー糖 …… 100g
　└ NHペクチン …… 8g
レモン果汁 …… 5g
＊**A**はよく混ぜておく。

作り方
1 鍋にフランボワーズピュレを入れ、火にかけて40〜50℃になったら**A**を加えて混ぜながら加熱し、ブリックス70％まで炊く。
2 レモン果汁を加えて混ぜ、冷ます。

## ⇥組み立て⇤

1 カカオニブをのせていないサブレ生地をシルパンに接していた面を上にして並べ、中央にコンフィチュールフランボワーズを絞る。
2 1にカカオニブをのせたサブレ生地をのせ、軽く押さえる。

# バターサンド

## 山内敦生

自家製セミドライイチゴは、丸ごとのイチゴの水分を砂糖でゆっくりと引き出し、
そのシロップで炊いてから半乾燥し、凝縮した果実味と存在感ある食感に仕上げた。
クリームは同じシロップを混ぜ込み、果実の爽やかな酸味で甘さを引き締める。

## パートシュクレ

**材料**(作りやすい分量)
パートシュクレ(p.35 参照) …… 全量
イチゴシロップ(グルマンディーズ濃縮フレーズ) …… 適量
緑色粉 …… 適量
全卵 …… 適量
ホワイトチョコレート …… 適量

**作り方**
1　p.35 パートシュクレ 1～3 を参照してパートシュクレを作り、3mm 厚さにのばして 6cm 幅のスペードのような形の木の葉型と直径約 2.5cm の花型で抜く。木の葉形の生地 2 枚に対して花形の生地 1 枚を使用。
2　150℃のコンベクションオーブン(平窯の場合170℃)で 10～11 分ほど焼き、一度取り出して、木の葉形の生地の半量にイチゴシロップを溶いた全卵を、花形の生地には緑の色粉を溶いた全卵をそれぞれハケでぬり、さらに 1～2 分焼いて冷ます。
3　ホワイトチョコレートを溶かし、2 の全卵をぬった木の葉形の生地にイチゴのタネのように絞る。ホワイトチョコレートを接着剤にして花形の生地をヘタのようにつける。

## サンドクリーム

**材料**(作りやすい分量)
ホワイトチョコレート …… 100g
無塩バター …… 10g
イチゴシロップ
　(下記セミドライイチゴの手順 3 参照) …… 適量
＊バターはポマード状にしておく。

**作り方**
1　チョコレートを溶かして 30℃程度に調温し、バターを加えてゴムベラで混ぜ、乳化させる。
2　1 にイチゴシロップを加えて混ぜ、乳化させる。

## セミドライイチゴ

**材料**(作りやすい分量)
イチゴ …… 1000g
グラニュー糖 …… 400g

**作り方**

1

ボウルにイチゴを入れてグラニュー糖をかけ、冷蔵庫で 1 週間おく。イチゴから水分が出て果肉は縮む。

2　1 をザルで漉して果肉と液体に分け、液体を鍋に入れて火にかけ、ブリックス 50％まで煮詰めて果肉を戻し入れ、弱火でブリックス 60％まで煮詰める。冷まして冷蔵庫で一晩おく。

3

2 をザルで漉して果肉と液体に分け、液体は鍋でとろみが出るまで煮詰める(イチゴシロップ)。

4　3 の果肉は網の上に並べて 80℃～100℃のコンベクションオーブンで 1 時間～1 時間半好みのかたさになるまで乾燥させる。

### ✦組み立て✦

1　デコレーションしていないパートシュクレにサンドクリームを絞り、セミドライイチゴをのせ、さらにサンドクリームを絞る。
2　デコレーションしたパートシュクレをのせ、軽く押さえる。

セミドライイチゴ

# コンフィチュール
# ショコラ
# フランボワーズ

中山洋平

フランボワーズピュレを煮詰めて味わいを凝縮させたところに
チョコレートを混ぜ合わせ、両者の相性のよさをシンプルに表現。
「とくにバゲットやヨーグルトなど、
軽い酸をもつ素材と相性がよい」と中山氏。

**材料**（容量100mℓのビン約10個分）

A ┌ フランボワーズピュレ …… 200g
  │ 冷凍フランボワーズ …… 200g
  │ グラニュー糖 …… 300g
  └ トレハロース …… 60g
レモン果汁 …… 16g
ブラックチョコレート（ヴァローナ・カライブ66%）…… 100g

**作り方**

1 鍋にAを入れて泡立て器で混ぜ、火にかけて沸か
　し、時々混ぜながらブリックス58%まで煮詰める。
2 1にレモン果汁を加えて混ぜ、さらにチョコレート
　を加え、混ぜて乳化させる。
3 2を煮沸消毒した瓶に詰め、蓋をしてスチームコン
　ベクションオーブンで20分蒸す。
4 常温で一晩おく。

# いちごjam
# jamクッキー

## やまだまり

「味がはっきりとして果肉もしっかりとしている」と話す
「おいCベリー」を、香りと色がいきるように
素材の状態をみながら
できるだけ短時間で炊き上げるジャム。
それをシンプルなクッキー生地の焼き上がりに絞り、
素材の風味がいきる一品とした。

## イチゴ jam

**材料**(作りやすい分量)
新鮮なイチゴ(おいCベリー) …… 1000g
てんさい糖(または好みの砂糖) …… 400g
レモン果汁 …… 大さじ1

**作り方**

1 イチゴは洗って水気をきり、ヘタを取り、粒が大き
　ければ半分にカットする。
2 鍋に1を入れ、てんさい糖の⅔量をまぶし、イチゴ
　から水分が出るまでおく。
3 2の鍋を強火にかけ、沸いたらしばらく沸騰状態を
　保ち、中央に集まるアクを取る。
4 アクが少なくなったら火を弱め、残りのてんさい糖
　とレモン果汁を加え、フツフツしない程度の火加減
　を保ち焦がさないように木ベラなどで鍋肌をさら
　いながら炊く。脱水して抜けたイチゴの赤色が果肉
　に戻り、とろみがついてツヤが出てきたら火を止め
　て冷ます。

## jamクッキー

**材料**(約60枚分)
バター …… 150g
A ┌ 粉糖 …… 65g
　├ ゲランドの塩 …… 2g
　└ バニラペースト …… 少々
卵白 …… 25g
B ┌ アーモンドパウダー …… 35g
　└ 薄力粉 …… 165g
いちご jam(上記参照) …… 30g〜

＊バターは常温に戻しておく。　＊Bは合わせてふるっておく。

**作り方**

1 ボウルにバターを入れて泡立て器でほぐし、Aを加
　え、白っぽくふんわりするまでよく混ぜる。
2 卵白を少しずつ加え、よく混ぜて乳化させる。
3 Bを加え、しっかりと混ぜる。
4 星口金をつけた絞り袋に3を入れ、オーブンシート
　を敷いた天板に約6gずつ小さく円を描くように絞
　り出す。
5 160℃のオーブンで15分焼き、一度天板を取り出し
　ていちごjamをクッキーの中央にのせ、さらに5分
　ほど、いちごjamがフツフツとするまで焼く。

# ギモーヴ

## 山内ももこ

地元愛知県産の新鮮なイチゴを
ピュレにし、その自然な風味と色を
いかす。イチゴによって糖度や甘味が
変わるため、加糖の一部を
トレハロースに置き換えて
甘くなりすぎることを防ぎながら
ギモーヴに必要な糖度を保ち、
泡立ち具合や仕上がりの保水性など
各工程での状態を安定させる。
歯切れよくシュワッとした口どけで、
敢えて除かないイチゴの種も
素材感を表現する。

## イチゴピュレ

**材料**(作りやすい分量)
イチゴ …… 1000g
グラニュー糖 …… 100g

**作り方**

1

ボウルにイチゴを入れてグラニュー糖を加え、ラップをかけて冷蔵庫で一晩から二晩おいて水分を出す。

2

1を出た水分ごとフードプロセッサーで撹拌し、ピュレにする。

3

ザルで漉す。

# ギモーヴ

**材料**(作りやすい分量)
イチゴピュレ(p.130参照) …… 480g

A ┌ グラニュー糖 …… 590g
　├ 転化糖 …… 240g
　└ トレハロース …… 76g

B ┌ 水 …… 85g
　├ 転化糖 …… 300g
　└ クエン酸水◆ …… 8g

C ┌ 顆粒ゼラチン(ゼラチン21) …… 57g
　└ グラニュー糖 …… 57g

D ┌ コーンスターチ、粉糖
　└ (1:1の割合で混ぜ合わせたもの) …… 適量

◆クエン酸と水を重量1:1の割合で混ぜたもの。

**作り方**

1　Cをボウルに入れ、泡立て器で混ぜてダマをなくす。

2

銅鍋にイチゴピュレ、Aを入れて火にかけ、泡立て器で混ぜながら105℃程度まで加熱する。

3

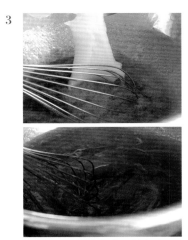

火を止めてBを加えて溶かす。

4

さらに1を加え、よく混ぜて溶かす。

5

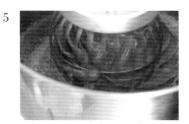

4をミキシングボウルに移し、ミキサーの高速で10分ほど泡立てる。

6

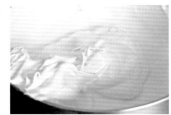

しっかりと空気を含み、泡立てる前の体積の2倍ほどになったら終了。生地の温度は40℃程度。

7

6の温度が下がらないうちに星口金をつけた絞り袋に入れ、バットにシェル形に連続して絞る(1個5g程度)。

8

7に混ぜ合わせたDをふるいながらかけ、冷蔵庫でしっかりと冷やす。

9　カードで1個ずつ切り離し、Dを全体にまぶして常温で1日おく。

## パートドフリュイフレーズリュバーブ

**材料**（40㎝×18㎝のカードル1台分）

A ┌ イチゴピュレ …… 220g
　└ リュバーブのコンフィ◆ …… 90g
B ┌ グラニュー糖 …… 300g
　└ 水飴 …… 85g
C ┌ グラニュー糖 …… 34g
　└ HMペクチン（アイコクイエローリボン） …… 6g
クエン酸水◆ …… 7g
ローズアロマ（ル・ジャルダン・デ・エピス） …… 2g
グラニュー糖、バラの花びら（乾燥） …… 適量
＊Cはよく混ぜておく
◆リュバーブのコンフィ…冷凍カットルバーブ100gにグラ
ニュー糖45gをまぶして一晩おき、鍋に移して火にかけルバーブ
がとろとろになるまで炊き、レモン果汁10gを加えて混ぜる。
◆クエン酸水…クエン酸を同量の水で溶いたもの。

**作り方**

1　鍋にAを入れて火にかけ、40〜50℃になっ
　たらCを混ぜながら加え、さらに混ぜながら
　加熱して沸騰させる。
2　Bを何度かに分けて加えて混ぜながら炊き、
　ブリックス75％まで煮詰める。（写真上）
3　クエン酸水、ローズアロマを加えて混ぜ、
　オーブンシートの上に置いたカードルに流し
　て常温で一晩おく。
4　カードルを外して一口大にカットし、バラの
　花びらを混ぜたグラニュー糖をまぶす。（写真
　下）

# パートドフリュイ
# フレーズリュバーブ

## 昆布智成

イチゴが主役のパートドフリュイだが、
やさしく甘やかなイチゴの風味と砂糖だけでは「甘すぎる」ため、
リュバーブの酸味でイチゴの味わいに輪郭を作る。
同時にイチゴとリュバーブの風味の相性のよさも
感じさせる配合としている。仕上げに乾燥バラの花びらをまとわせ、
イチゴの特有の華やかな香りをふくらませる。

*Chapter*

3

———

# ベリーの氷菓、
# デザート

# パティスリー、
# デザート専門店の
# 氷菓とデザート

# 安曇野産夏いちごと
# 赤紫蘇のソルベ<small>（レシピp.142）</small>

## 栗田健志郎

出始めの夏いちごに、同時期に出回る赤ジソの抽出液を隠し味的に合わせ、
夏いちごの爽やかな風味に深みを出す。
赤ジソを合わせたのは同じシソ科のバジルとイチゴの相性のよさからで、
赤色の発色のよさにも着目した。

Chapter 3　ベリーの氷菓、デザート｜パティスリー、デザート専門店の氷菓とデザート

# イチゴのかき氷（レシピp.142）

## 山内敦生

食感が残るようサッと炊いたイチゴのコンフィチュールと、同様に加熱を抑えて香りをいかした
イチゴシロップをたっぷりと使用。底に杏仁豆腐を仕込み、上にホイップクリームをかけることで、
パティスリーらしい味の構成にするとともに最後まで飽きさせない。

# イチゴのスープ <small>（レシピp.144）</small>

## 小山千尋

湯煎で果汁を引き出したイチゴと生のイチゴを合わせ、2種のイチゴの味わいがいきた
スープとし、アールグレイとラベンダーのアイスを添えてベリーとの香りの調和を楽しませる。
中に盛ったパンナコッタと時間の経過で溶けるアイスでスープの味わいが変化。

# ムラングシャンティ
# フレーズ<small>（レシピ p.145）</small>

## 昆布智成

ムラングシャンティにイチゴを合わせて
季節の一品とし、シャンティやソースに
控えめにきかせたフランボワーズの風味で
イチゴのベリー感を引き立てた。
その甘く優しい香りと味わいを、
エルダーベリーのソルベの
シャープな酸と冷たさで引き締める。

# タルタルフレーズ

（レシピ p.146）

## 昆布智成

イチゴとバジルの相性を楽しませる一皿で、
フレッシュのイチゴをライチと和え、
バジルはアイスとオイルに。
その下にライチの香りのブランマンジェ。
ライチやメレンゲに入れたココナッツの香りで、
定番の組み合わせのおいしさを
エキゾチックな方向にふくらませる。

# グースベリーの寒天（レシピp.147）

## 小山千尋

江戸料理のひとつ「こおり豆腐」に着想を得た初夏の涼やかな一皿。
まだ青いグースベリーで仕込んだジャムの酸味と軽い渋みに、
華やかでほのかに青みのあるエルダーシロップの香りを重ねた寒天で、
それらの青みに寄り添うミルク寒天を包んだ。

# 苺と
# 和紅茶の羊羹（レシピp.148）

## 田中俊大

コース序盤で提供し、果物とお茶の
相性のよさを表現する羊羹。
三層目の羊羹に和紅茶茶葉の粉末が
混ぜ込んであり、その苦味で苺の果実感を
引き立て、和紅茶と苺の甘い香りを共鳴させる。
中の層のバラ、上層のゼリーに加えた
ジンも香りに奥行きを作る。

# 苺とサンルージュの
# パフェ（レシピp.149）

### 田中俊大

バラと苺、日本茶茶葉「サンルージュ」を
コンポートやジャムなどに仕立て、
何層にも重ねて香りや果実味、
苦味の調和を楽しませる。
咀嚼具合によってそれぞれ味わいの感じ方が変化。
燻製フロマージュムースやビャクシンの
ブランマンジェもアクセントとなる。

>安曇野産夏いちごと赤紫蘇のソルベ

>イチゴのかき氷

# 赤紫蘇ウォーター

**材料**(作りやすい分量)
赤シソの葉 …… 150g
水 …… 1000g

**作り方**
1　鍋に水を入れ、火にかけて沸かし、赤シソの葉を加えて煮る。
2　赤シソの色が湯に十分抽出できたらザルで漉す。

---

# ソルベ

**材料**(30食分)
A ┌ 赤紫蘇ウォーター(上記参照) …… 450g
　└ 水 …… 300g
B ┌ グラニュー糖 …… 262g
　│ トレハロース …… 195g
　│ ブドウ糖 …… 108g
　│ 粉末水飴 …… 129g
　└ アイスクリーム用安定剤 …… 1.8g
レモン果汁 …… 50g
イチゴ(安曇野産・今回はサマーリリカルとすずあかねを半々で使用) …… 1300g

**作り方**
1　ボウルにBを入れて混ぜ、Aを加えてさらに混ぜる。
2　1を鍋に移し、81℃まで混ぜながら加熱し、15℃まで冷やす。
3　2をレモン果汁、イチゴと合わせてブレンダーで撹拌し、ピュレにする。
4　3をアイスクリームマシーンにかけ、容器に移して急速冷凍機に15分ほど入れて表面を冷やし固める。アイスクリームのショーケースに移して提供する。

# イチゴコンフィチュール

**材料**(作りやすい分量)
イチゴ …… 1000g
グラニュー糖 …… 300g

**作り方**
1　イチゴを食感が残るようごく粗く刻む。
2　1を鍋に入れてグラニュー糖を加え、火にかける。水分が出てひと煮立ちしたら火を止め、冷やす。

---

# イチゴシロップ

**材料**(作りやすい分量)
イチゴ …… 100g
グラニュー糖 …… 100g
水 …… 100g

**作り方**
1　ボウルにイチゴを入れてグラニュー糖をふりかけ、一晩おいて出てきた液体ごとフードプロセッサーにかけて漉す。
2　1を鍋に入れ、水を加えて火にかけ、沸騰したら氷水にあてて冷やす。

---

# 杏仁豆腐

**材料**(作りやすい分量)
A ┌ 牛乳 …… 420g
　└ 生クリーム(35%) …… 75g
グラニュー糖 …… 52.5g
杏仁霜 …… 15g
パールアガーネオ …… 7.4g
コーンスターチ …… 5.5g

**作り方**
1　鍋にAを入れ、火にかけて80℃程度に温める。
2　ボウルに残りの材料を入れて泡立て器ですり混ぜ、1に加えて混ぜ、材料が溶けたら火を止めて冷ます。
3　バット等に移して冷蔵庫で冷やし固める。

### その他

かき氷専用氷、ホイップクリーム（乳脂肪分35％・グラニュー糖6％）、砕いたピスタチオ、自家製練乳（牛乳をゆっくりととろみがつくまで煮詰めたもの）

---

### ✦組み立て✦

1 かき氷専用氷は使う1時間ほど前に冷蔵庫に移して表面温度を3℃程度にし、かき氷マシンにセットする。

2 器に杏仁豆腐をスプーンで3杯ほど入れる。

3

2の上全体にイチゴコンフィチュールをのせる。

4

3の上に氷を削ってのせる。器をまわし、手でやさしく形を整えながら低い山形にする。

5

4の氷全体にイチゴシロップをかける。

6

4と同様に氷を削ってのせ、山高にととのえる。

7

6の氷全体にイチゴシロップをかける。

8
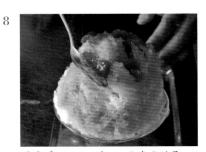
イチゴコンフィチュールをのせる。

9 ホイップクリームをのせ、砕いたピスタチオをかける。ピッチャーに入れた自家製練乳とともに提供し、好みでかけるようすすめる。

> イチゴのスープ

## パンナコッタ

**材料**(作りやすい分量)

A ┌ 牛乳 …… 140g
　└ 甜菜糖 …… 27g
板ゼラチン …… 4.2g
生クリーム(38%) …… 160g

**作り方**

1 鍋に**A**を入れ、火にかけて温めて甜菜糖を溶かし、火を止める。ゼラチンを加え、溶かす。
2 1を漉し、生クリームを加えて混ぜ、粗熱を取る。
3 容器に移し、冷蔵庫で冷やし固める。

## イチゴスープ

**材料**(作りやすい分量)

イチゴA …… 150g
甜菜糖 …… 20g
イチゴB …… 50g

**作り方**

1 イチゴAはヘタを取りボウルに入れ、甜菜糖を加えてまぶす。
2 1のボウルを湯煎にかけ、1時間ほどゆっくりと加熱し、冷ます。
3 イチゴBを半割りにして2に加え、ざっと混ぜる。

## ラベンダーアイス

**材料**(作りやすい分量)

A ┌ 牛乳 …… 415g
　└ 生クリーム(38%) …… 52g
B ┌ ラベンダー …… 3g
　└ アールグレイ茶葉 …… 11.4g
C ┌ 卵黄 …… 124.5g
　└ 甜菜糖 …… 145.5g

**作り方**

1 鍋に**A**を入れ、火にかけて沸騰したら火を止める。**B**を加えて10分蒸らす。
2 ボウルに**C**を入れて泡立て器でよく混ぜる。
3 1を漉し、2に加え混ぜ、鍋に戻して火にかけ、混ぜながら83℃まで炊く。
4 3をアイスクリームマシーンにかける。

### ❖組み立て❖

1 スープ皿にパンナコッタを1人分50g盛り付ける。
2 1の皿にイチゴスープを流し、クネルに成形したラベンダーアイスを盛る。アイスの上に乾燥ラベンダー(分量外)を飾る。

>ムラングシャンティフレーズ

## シャンティフランボワーズ

**材料**(作りやすい分量)
生クリーム（42％）…… 150g
ソースフランボワーズ（下記参照）…… 20g

**作り方**
ボウルにすべての材料を入れ、泡立て器で8分立てにする。

## メレンゲ

**材料**(60個分)
A 卵白 …… 120g
 グラニュー糖 …… 120g
B 粉糖 …… 110g
 塩 …… 1g

**作り方**
1 ミキサーボウルにAを入れてミキサーで泡立て、しっかりとしたメレンゲを作る。
2 1にBを加えてゴムベラでさっくりと混ぜる。
3 1.4cmの丸口金をつけた絞り袋に2を入れ、オーブンシートを敷いた天板に直径6cm程度のドーム状に絞り、150℃のコンベクションオーブンで40分焼き、冷ます。乾燥材を入れた密閉容器で保管する。

## ソースフランボワーズ

**材料**(作りやすい分量)
フランボワーズピュレ …… 100g
レモン果汁 …… 20g
グラニュー糖 …… 10g

**作り方**
1 鍋にすべての材料を入れ、火にかけて沸かし、グラニュー糖が溶けたら火を止めて冷ます。
2 容器に移し、冷蔵庫で冷やす。

## クランブル

**材料**(作りやすい分量)
バター …… 20g
粉糖 …… 20g
アーモンドパウダー …… 20g
薄力粉 …… 20g

**作り方**
1 ボウルにバターを入れ、ゴムベラでやわらかくなるまで練り、粉糖、アーモンドパウダー、薄力粉を順に加えてそのつど混ぜる。
2 オーブンシートを敷いた天板に1をちぎりながら散らし、160℃のコンベクションオーブンで15分焼き、冷ます。

## ソルベエルダーベリー

**材料**(作りやすい分量)
A 水 …… 86g
 水飴 …… 15g
 グラニュー糖 …… 50g
エルダーベリー …… 200g

**作り方**
1 鍋にAを入れ、火にかけて沸かし、グラニュー糖と水飴を溶かして冷やす。
2 1、エルダーベリーをパコジェットの容器に入れて冷凍する。盛りつける前にパコジェットにかける。

### その他
イチゴ

### ✣組み立て✣

1 星口金をつけた絞り袋にシャンティフランボワーズを入れ、メレンゲの上に絞り、その上にスライスしたイチゴを飾る。
2 器にソースフランボワーズをスプーンで流し、1を盛る。1の奥にクランブルを少量置き、その上にクネルに成形したソルベエルダーベリーを盛る。

## ＞タルタルフレーズ

## ブランマンジェ

**材料**(作りやすい分量)

A ┌ 牛乳 …… 135g
　│ 生クリーム(35%) …… 100g
　└ グラニュー糖 …… 30g
板ゼラチン …… 3g
ライチリキュール(ディタ) …… 8g

**作り方**

1 鍋にＡを入れ、火にかけて40～50℃に温める。
2 火を止めてゼラチンを加え、混ぜて溶かし、ライチ
　リキュールを加えて混ぜる。
3 容器に移して冷まし、冷蔵庫で冷やし固める。

## ジュレローズヒップ

**材料**(作りやすい分量)

A ┌ 水 …… 100g
　└ グラニュー糖 …… 10g
ローズヒップ …… 5g
板ゼラチン　1.5g

**作り方**

1 鍋にＡを入れ、火にかけて沸かす。
2 火を止めてローズヒップとゼラチンを加え、蓋をし
　て10分おいて風味を移す。
3 2を漉して容器に移し、冷蔵庫で冷やし固める。

## バジルオイル

**材料**(作りやすい分量)

A ┌ 太白ゴマ油 …… 30g
　└ バジルの葉 …… 15g

**作り方**

Ａをミキサーで撹拌し、一晩かけて紙漉しする。

## グラスバジル

**材料**(作りやすい分量)

A ┌ 牛乳 …… 200g
　└ バジルの葉 …… 5g
B ┌ 卵黄 …… 60g
　└ グラニュー糖 …… 40g
生クリーム(42%) …… 25g

**作り方**

1 Ａをミキサーで撹拌し、鍋に入れ、火にかけて沸か
　す。
2 ボウルにＢを入れて泡立て器ですり混ぜ、1を加え
　て混ぜ、鍋に戻して火にかけ、混ぜながらとろみが
　つくまで炊く。
3 氷水にあてて冷やし、生クリームを加えて混ぜ、パ
　コジェットの容器に移して冷凍する。
4 盛り付ける前にパコジェットで撹拌する。

## ココナッツメレンゲ

**材料**(作りやすい分量)

A ┌ 卵白 …… 100g
　└ グラニュー糖 …… 100g
B ┌ 粉糖 …… 80g
　└ ココナッツファイン …… 20g

**作り方**

1 ミキサーボウルにＡを入れてミキサーで泡立て、メ
　レンゲを作る。
2 1にＢを加えてゴムベラで混ぜる。
3 8㎜の丸口金をつけた絞り袋に2を入れ、オーブン
　シートを敷いた天板に棒状に絞り、90℃のコンベク
　ションオーブンで2時間乾燥焼きし、冷まして乾燥
　材を入れた密閉容器で保存する。

## その他

イチゴ、ライチ

## ✦組み立て✦

1 ブランマンジェをスプーンですくって器の中央に
　盛る。
2 1が内側におさまるようにセルクルをはめ、ブラン
　マンジェの上にカットして混ぜたイチゴとライチ
　をのせる。
3 セルクルのまわりに少量の水(分量外)を加えて崩
　したジュレローズヒップを盛り、バジルオイルをた
　らす。(写真)
4 セルクルを外し、イチゴとライチの上にクネルに成
　形したグラスバジルを盛り、適当な長さに折ったコ
　コナッツメレンゲを飾る。

> グースベリーの寒天

## ミルク寒天

**材料**（10cm×10cmの流し缶1台分）

A 　水 …… 100g
　　寒天 …… 2g

B 　甜菜糖 …… 30g
　　牛乳 …… 150g

**作り方**

1 　鍋に**A**を入れ、火にかけて沸かす。
2 　1に**B**を加えひと煮立ちさせ、型に流す。
3 　冷めて固まったら2cm角にカットする（4個使用）。

## グースベリー寒天

**材料**（約10.5cm×10.5cm×高さ5cmの流し缶
　　　1台分／4個分）

A 　水 …… 300g
　　寒天 …… 5g

B 　グースベリージャム（下記参照）…… 100g
　　エルダーシロップ（右記参照）…… 50g
甜菜糖 …… 20g

**作り方**

1 　鍋に**A**を入れて火にかけ、沸かす。
2 　1に**B**を加えひと煮立ちさせる。

## グースベリージャム

**材料**（作りやすい分量）

グースベリー（緑）…… 正味50g
水 …… 50g
甜菜糖 …… 50g

**作り方**

1 　グースベリーは水で洗い、軸を取る。
2 　鍋に1、水、甜菜糖を合わせて火にかけ、グースベリーの実が崩れ水分が飛ぶまで煮詰める。

## エルダーシロップ

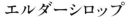

**材料**（作りやすい分量）

A 　水 …… 120g
　　甜菜糖 …… 158g
エルダーフラワー …… 正味15g
レモン …… ¼個

**作り方**

1 　エルダーフラワーは水で洗い、茎をできるだけ取り除く。
2 　鍋に**A**を入れて火にかける。沸いたら火を止め、スライスしたレモンと1を加え、そのまま24時間おき、漉す。

## ➤組み立て◆

1 　グースベリー寒天を10.5cm×10.5cm×高さ5cmの流し缶に5mmの高さまで流す。
2 　表面が固まったら、カットしたミルク寒天を1cmの間隔を開けて並べ、残りのグースベリー寒天をミルク寒天の上5mmの高さまでくるように型に流す。冷めて固める
3 　ミルク寒天を中心に2を2.5cm角にカットする。器に盛り、エルダーベリーの花と金箔（ともに分量外）を飾る。

エルダーシロップ

＞苺と和紅茶の羊羹

# ジンのゼリー

**材料**（15cm×15cmの流し缶1層分）
水 …… 240g
グラニュー糖 …… 28g
ジン …… 10g
アガー …… 1.8g

**作り方**
鍋にすべての材料を入れて混ぜて、火にかけて沸かす。

# バラとイチゴのゼリー寄せ

**材料**（15cm×15cmの流し缶1層分）
イチゴ（とちおとめ）…… 100g
食用バラの花びら …… 5輪分
グラニュー糖 …… 10g
アガー …… 0.5g

**作り方**
1 イチゴはブレンダーでピュレにする。
2 鍋に1と残りの材料を入れて火にかけ、グラニュー糖とアガーを溶かし、粗熱を取る。

# 和紅茶の羊羹

**材料**（15cm×15cmの流し缶1層分）
こしあん …… 250g
水 …… 200g
和紅茶茶葉（粉末）…… 10g
アガー …… 2g

**作り方**
1 鍋に水とアガーを入れ、火にかけて沸かし、和紅茶茶葉を加えて混ぜる。
2 ボウルにこしあんを入れ、1を少しずつ加えて均一にのばす。

# その他
イチゴ（とちおとめ）

# ➣組み立て➢

1 15cm×15cmの流し缶にジンのゼリーが熱いうちに流し入れ、粗熱を取る。
2 イチゴのヘタを取り、縦に半割りにし、2が固まる前に中に並べ入れ、冷蔵庫で冷やし固める。
3 2の上にバラとイチゴのゼリー寄せを流し入れ、冷蔵庫で冷やし固める。
4 3の上に和紅茶の羊羹を流し入れ、冷蔵庫で冷やす。
5 流し缶から取り出してイチゴを上にして置き、カットして箱に入れる、あるいは器に盛り、適宜金箔とバラの花びら（分量外）をあしらう。

＞苺とサンルージュのパフェ

## ガナッシュ

**材料**(作りやすい分量)
ブラックチョコレート ……150g
生クリーム(36%) ……185g

**作り方**
1 鍋に生クリームを入れ、火にかけて沸かす。
2 ボウルにチョコレートを入れ、1を加えて泡立て器
　で混ぜ、乳化させる。

## ビャクシンブランマンジェ

**材料**(作りやすい分量)
A｜ビャクシンの実 ……15g
　｜牛乳 ……200g
グラニュー糖 ……20g
板ゼラチン ……5g

**作り方**
1 鍋にAを入れて火にかけ、沸いたら火を止めて蓋を
　し、10分おいて風味を移す。
2 1を漉してグラニュー糖、ゼラチンを加えて溶かし、
　容器に移して冷蔵庫で冷やし固める。

## イチゴのバラエキスコンポート

**材料**(作りやすい分量)
自家製バラエキス◆ ……100g
ヘベス ……15g
ハチミツ ……30g
イチゴ(とちあいか) ……適量
◆自家製バラエキス…バラの花びらを水蒸気蒸留した液体。

**作り方**
1 鍋にイチゴ以外の材料を入れ、火にかけてハチミツ
　が溶けやすい温度まで温め、混ぜて均一に溶かし、
　冷ます。
2 イチゴのヘタを取り、半割りにする。
3 真空袋に1、2を入れ、真空器を98%に設定して真
　空包装する。
4 冷蔵庫に入れ、イチゴに透明感が出るまで一晩ほど
　おく。

## 燻製フロマージュフォーム

**材料**(作りやすい分量)
自家製燻製フロマージュブラン◆ ……100g
牛乳 ……100g
粉糖 ……35g
◆自家製燻製フロマージュブラン…フロマージュブランをクロモジチッ
プで冷燻したもの。

**作り方**
1 ボウルに自家製燻製フロマージュブランを入れ、牛
　乳、粉糖を加えて泡立て器で混ぜる。
2 エスプーマアドバンスのサイフォンに入れ、専用ガ
　スを注入する。

## サンルージュのアイス

**材料**(作りやすい分量)
牛乳 ……500g
生クリーム(36%) ……70g
ハチミツ ……40g
グラニュー糖 ……70g
ヴィドフィックス ……10g
サンルージュ(日本茶)茶葉 ……30g

**作り方**
1 牛乳とサンルージュ茶葉を火にかけ、茶葉が開いて
　きたらミキサーに移し、残りの材料をすべて加えて
　撹拌する。
2 1を冷やし、パコジェットの容器に入れて冷凍する。
　使用前に撹拌する。

## バラジャム

**材料**(作りやすい分量)
食用バラの花びら …… 10輪分
イチゴ …… 150g
グラニュー糖 …… 100g
へベス果汁 …… 30g

**作り方**
鍋にすべての材料を入れて火にかけ、軽くとろみがつくまで煮て冷やす。

## バラソース

**材料**(作りやすい分量)
A ┌ 食用バラの花びら …… 5輪分
　│ 自家製バラエキス
　│ 　(p.149イチゴのバラエキスコンポート参照)
　│ 　…… 250g
　│ グラニュー糖 …… 30g
　└ 水 …… 100g
片栗粉 …… 5g

**作り方**
1 鍋にAを入れて火にかけ、グラニュー糖が溶けたら漉す。
2 1の液体に少量の水(分量外)で溶いた片栗粉を加えて混ぜ、火にかけて混ぜながらとろみをつけ、バラの花びらを戻し入れて冷やす。

## チュイール

**材料**(作りやすい分量)
バター …… 40g
グラニュー糖 …… 75g
水 …… 20g
ソバ粉 …… 20g

**作り方**
1 溶かしたバターをボウルに入れ、グラニュー糖を加えて混ぜ、水を加えて混ぜ、さらにソバ粉を加えて混ぜる。
2 1をオーブンシートを敷いた天板に薄くのばし、170℃のオーブンで15分焼く。
3 2が冷める前に盛りつけるグラスの口の直径の丸形で抜く。

## イチゴゼリー寄せ

**材料**(15cm×15cmの流し缶を使用)
水 …… 240g
グラニュー糖 …… 28g
へベス果汁 …… 10g
アガー …… 1.7g
イチゴ(とちあいか)輪切り …… 適量

**作り方**
1 鍋にイチゴ以外の材料を入れて火にかけ、沸かしてグラニュー糖やアガーを溶かす。
2 15cm×15cmの流し缶に1を流して粗熱をとり、固まる前にその中にスライスしたイチゴを並べ、冷蔵庫で冷やし固める。
3 盛り付けるグラスの口の直径の丸形で抜く。

## ➹組み立て➷

1  グラスの内側の、口のすぐ下にガナッシュを細く一周絞る。

2

ビャクシンブランマンジェをスプーンですくい、1のグラスの底に入れる。

3

2の上にイチゴのバラエキスコンポートをのせる。

4

3の上に燻製フロマージュフォームを絞り出し、クネルに成形したサンルージュのアイスをのせる。

5

さらにバラジャム、バラソースをのせる。

6

チュイールを1のガナッシュにのせてグラスの口付近で固定する。

7

チュイールの上にイチゴゼリー寄せをのせる。日本茶生茶葉(分量外)を飾る。

# レストランのデザート

# フランボワーズ
# ビール

（レシピp.158）

## 長屋明花

フレーバービールに着想を得て、
フランボワーズのコンフィチュールや
グラニテに白ビールのアイスなどを合わせた。
コンフィチュールはスパイスを加えて
白ビールとつなぎ、グラニテはポルト酒で
ベリーの味に奥行きを出す。液体窒素で
冷やしたアイスの煙を泡に見立てた。

## 桜もち／苺（レシピp.159）

### 長屋明花

イチゴ大福のイメージの、
春のアヴァンデセール。イチゴと桜の
ソースを餅入りのムースで包んでおり、
ムースはもちもち感があるが、
イタリアンメレンゲで軽く仕上げている。
ムースの下には、イチゴのアイス。

## ブラックベリーと
## マスカルポーネの
## パルフェグラッセ
（レシピp.160）

### 長屋明花

ブラックベリーを3種に仕立て、味わいの
感じ方を多様に。パルフェはピュレを
混ぜきらずにマーブル状に仕上げ、ムースには
種を除かず使用しベリーの風味をいかす。
ジュレはブラックベリーのタンニンのような
コクに赤ジソやポルト酒を合わせた。

# 桑の実、胡瓜、蕎麦 (レシピp.161)

## 髙橋雄二郎

桑の実のやわらかな食感を引き立たせ、
かつその味わいに一歩引いて寄り添う素材として
キュウリを選択し、マリネやジュレ、グラニテなどに加工。
信州産のクワの実から連想した蕎麦粉のタルト生地と、
豆腐入りのブリュレを合わせて素朴な質感にまとめた。

# 杉の実、ブルーベリー、レリボ（レシピp.163）

**髙橋雄二郎**

杉の実はアンフュゼしてジュレにし、ブルーベリーはグラニテに。
杉の実の青々しい清涼感で、同じく青さをもつブルーベリーの風味に輪郭をつける。
両者とも味わいに野性味があるため、ベリーと相性のよい乳製品の中でも
香りや酸味の強いレリボをムースにし合わせた。

# タイベリーとカカオ（レシピp.164）

**髙橋雄二郎**

ベリー系の香りと花のニュアンスをもつチョコレートに着想を得た品で、味の強さのバランスから
タイベリーを選び、両者をムースに。そこに、もともとイチゴとの相性のよさを感じていた
フェンネルを合わせた。花の香りのパウダーアイスが一皿をまとめる。

>フランボワーズビール

## フランボワーズコンフィチュール

**材料**(作りやすい分量)

A ┌ フランボワーズ …… 100g
　└ グラニュー糖 …… 30g
B ┌ シナモンパウダー …… 1g
　│ クローブパウダー …… 1g
　│ アニスパウダー …… 1g
　└ オールスパイス …… 1g

**作り方**

1　鍋に**A**を入れて火にかけ、木ベラでフランボワーズをつぶしながら煮る。
2　水分が出てきたら**B**を加え、水分が飛んで好みのかたさになったら火を止め、冷ます。

## グラニテフランボワーズ

**材料**(作りやすい分量)

A ┌ 水 …… 200g
　│ グラニュー糖 …… 50g
　└ フランボワーズピュレ …… 20g
赤ポルト …… 20g
フランボワーズ …… 100g
レモン果汁 …… 適量

**作り方**

1　鍋に**A**を入れ、火にかけて沸かし、赤ポルトを加えて火を止める。レモン果汁を加えて味をととのえ、冷ます。
2　1とフランボワーズを合わせて冷凍する（提供時に削って使用する）。

## クランブルエピス

**材料**(作りやすい分量)

バター …… 450g
薄力粉 …… 450g
アーモンドパウダー …… 450g
カソナード …… 450g
シナモンパウダー …… 適量
クローブパウダー …… 適量
アニスパウダー …… 適量
オールスパイス …… 適量

**作り方**

1　材料をすべてフードプロセッサーに入れてそぼろ状になるまで撹拌する。まとめてラップで包み、冷蔵庫で冷やす。
2　シルパットを敷いた天板に1を手で砕いて並べる。
3　170℃のオーブンで20分焼く。

## ホワイトビールのゼリー

**材料**(作りやすい分量)

水 …… 200g
グラニュー糖 …… 70g
板ゼラチン …… 7g
ホワイトビール …… 120g
レモン果汁 …… 適量

**作り方**

1　鍋に水を入れ、火にかけて沸かし、グラニュー糖を加えて溶かし、火を止める。
2　1にゼラチンを加え、混ぜて溶かす。
3　ホワイトビールを加え、レモン果汁を加えて味をととのえ、冷蔵庫で冷やし固める。

## ビールアイス

**材料**(作りやすい分量)

白ビール …… 200g
グラニュー糖 …… 80g
A ┌ 白ビール …… 100g
　│ 生クリーム(38%) …… 120g
　└ フロマージュブラン …… 90g

**作り方**

1　白ビール200gを鍋に入れ、火にかけて煮詰めて⅕量(40g)にし、グラニュー糖を加えて溶かす。
2　1に**A**を加え、ブレンダーで撹拌しなめらかにする。
3　エスプーマアドバンスのサイフォンに詰め、専用のガスを注入する。真空保存容器に高さの半分くらいまでムース状に絞り、蓋をして真空器にかけ、中身が上がってきたところでジャンプして止める。容器に入れたまま冷凍する。

### その他

フランボワーズ、食用花

## ➣組み立て➣

1　ワイングラスにフランボワーズコンフィチュール、クランブルエピス、フランボワーズ、グラニテフランボワーズ、ホワイトビールのゼリーの順に重ね、食用花を散らす。
2　ビールアイスをスプーンですくってボウルに入れ、液体窒素で凍らせ、1にのせる。

>桜もち／苺

# もちムース

**材料**(直径5cmのドーム形シリコン型約45個分)
A ┌ 角もち …… 3個(150g)
　└ 水 …… 300g
卵白 …… 100g
B ┌ グラニュー糖 …… 150g
　└ 水 …… 75g
生クリーム(38%) …… 60g
板ゼラチン …… 18g

**作り方**
1 鍋にAを入れ、火にかけてもちがやわらかくなるまで煮る(またはAを耐熱容器に入れて電子レンジでもちがやわらかくなるまで加熱する)。
2 1をブレンダーで撹拌してピュレにし、ゼラチンを加え、混ぜて溶かす。
3 鍋にBを入れ、火にかけて117℃のシロップにする。ミキサーボウルに卵白を入れて泡立て、シロップを加えながらさらに泡立ててイタリアンメレンゲを作る。
4 生クリームは7分立てにする。
5 2に3を2〜3回に分けて加え、ゴムベラですくい混ぜる。
6 5に4を加えてゴムベラですくい混ぜる。

# 桜ソース

**材料**(作りやすい分量)
水 …… 100g
イチゴエキス◆ …… 20g
桜リキュール …… 20g
イナアガーF …… 5g
グラニュー糖 …… 5g
◆イチゴエキス…冷凍したイチゴを真空包装し、80℃の湯煎またはコンベクションオーブンのヴァプールでイチゴが白くなるまで火を入れ、出てきた水分を漉す。

**作り方**
1 鍋にすべての材料を入れて火にかけ、沸かしてイナアガーを溶かし、冷ます。
2 1が固まったらミキサーで撹拌し、なめらかにする。

# イチゴと桜のソルベ

**材料**(作りやすい分量量)
A ┌ 水 …… 116g
　│ 水飴 …… 30g
　└ グラニュー糖 …… 37g
B ┌ イチゴピュレ …… 300g
　│ レモン果汁 …… 9g
　└ 桜リキュール …… 20g

**作り方**
1 鍋にAを入れて火にかけ、沸かして水飴とグラニュー糖を溶かし、冷ます。
2 1にBを加えて混ぜ、パコジェットの容器に移して冷凍庫で冷凍する。
3 使用前にパコジェットで撹拌する。直径4cmのセルクルに厚さ5mmに詰めて成形する。

## その他
桜の花の塩漬け(水で塩抜きする)、金箔

## ➹組み立て➶

1 直径5cmのドーム形シリコン型にもちムースをすりきりまで入れて冷凍し、ある程度固まったら中央をくり抜く。
2 1のくぼみに桜ソースを詰めて冷凍する。
3 2を型から外して2個を合わせて圧着し、球体にする。
4 器にイチゴと桜のソルベを盛り、その上に3をのせ、上に桜の花の塩漬け、金箔を添える。桜の葉のついた枝(分量外)を飾る。

*Chapter 3 ベリーの氷菓、デザート — レストランのデザート*

159

## ＞ブラックベリーとマスカルポーネのパルフェグラッセ

## パルフェ

**材料**（作りやすい分量）

A ┌ ホワイトチョコレート
　　（ヴァローナイボワール）…… 140g
　└ 牛乳 …… 100g
板ゼラチン …… 10g
生クリーム（38％）…… 260g
マスカルポーネ …… 300g
粉糖 …… 50g
ブラックベリーピュレ …… 適量

**作り方**

1　鍋にAを入れて火にかけ、チョコレートを溶かす。火を止めてゼラチンを加え、混ぜて溶かし、冷ます。
2　ボウルにマスカルポーネを入れ、粉糖、1を加えてゴムベラで混ぜる。
3　生クリームを7分立てにし、2に加えてすくい混ぜる。
4　ブラックベリーピュレを加えながらマーブル模様になるように混ぜ、バットに流して冷凍庫で冷凍する。3cm角に切る。

## ブラックベリームース

**材料**（作りやすい分量）

ブラックベリー …… 300g
レモンバーベナシロップ◆ …… 60g
レモン果汁 …… 20g
板ゼラチン …… 9g
生クリーム（38％）…… 300g
◆レモンバーベナシロップ…水とグラニュー糖を同割りで合わせて沸かしてシロップにし、冷ましてレモンバーベナとともに真空包装し、冷蔵庫で一晩おいて風味を移し、漉す。

**作り方**

1　鍋にブラックベリーを入れ、木ベラなどでつぶしてピュレ状にし、レモンバーベナシロップを加えて火にかける。
2　沸いたら火を止めてゼラチンを加えて溶かし、レモン果汁を加えて混ぜ、冷ます。
3　生クリームを7分立てにし、2を加えてゴムベラですくい混ぜ、バットに流す
4　冷凍庫で冷凍し、3cm角に切る。

## シソとベリーのジュレ

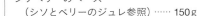

**材料**（作りやすい分量）

A ┌ シソベリーのベース◆ …… 150g
　└ 水 …… 300g
グラニュー糖 …… 30g
イナアガーF …… 9g
◆シソベリーのベース…鍋に水500gを沸かし、赤シソの葉50gを加えて風味が出るまで煮出し、漉して熱いうちにブラックベリー10粒、ブルーベリー15粒を加え、そのまま冷まして漉す。

**作り方**

1　鍋にAを入れて火にかけ、沸かす。
2　1にグラニュー糖とイナアガーを加え、ゴムベラで混ぜて溶かし、バットに流す。
3　冷蔵庫で冷やし固め、3cm角に切る。

## 赤シソとポルトのソース

**材料**（作りやすい分量）

A ┌ シソベリーのベース
　　（シソとベリーのジュレ参照）…… 150g
　├ 水 …… 250g
　└ 赤ポルト …… 50g
B ┌ グラニュー糖 …… 30g
　└ イナアガーF …… 7g
＊Bは混ぜておく。

**作り方**

1　鍋にAを入れて火にかけ、沸かす。
2　Bを加えてゴムベラで混ぜて溶かし、容器に移して冷ます。
3　2が固まったらブレンダーでなめらかになるまで撹拌する。

## その他

ブラックベリー、花穂ジソ、シソのマイクロリーフ

## ✦組み立て✦

1　平皿にパルフェ、ブラックベリームース、シソとベリーのジュレ各3個を、3種1組にして3か所に盛る。それぞれ一番上を違う種類のパーツにする。
2　1の3か所にブラックベリーを2個ずつ添え、そばに赤シソとポルトのソースを3か所流し、花穂ジソ、シソのマイクロリーフを散らす。

> 桑の実、胡瓜、蕎麦

## ソバ粉のタルト生地

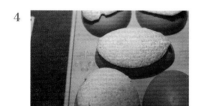

**材料**(作りやすい分量)
バター …… 206g
グラニュー糖 …… 138g
A ┌ 薄力粉 …… 171g
　└ ソバ粉 …… 217g
全卵 …… 68g
＊Aは合わせてふるっておく。

**作り方**
1　ボウルにバター、グラニュー糖を入れ、泡立て器ですり混ぜる。
2　Aを加えて混ぜ、さらに全卵を少しずつ加えて均一に混ぜ、ラップで包んで冷蔵庫で半日おく。
3　2を2〜3mm厚さにのばし、直径8cmの丸形で抜く。
4

卵型のシリコン型の凸面を上にして3をのせ、170℃のオーブンで12〜15分焼く(写真は焼き上がり)。

## 豆腐とマスカルポーネ、フロマージュブランのブリュレ

**材料**(作りやすい分量)
A ┌ マスカルポーネ …… 70g
　│ 豆腐 …… 110g
　│ クリームチーズ …… 60g
　│ フロマージュブラン …… 30g
　│ 卵黄 …… 220g
　└ グラニュー糖 …… 100g
豆乳 …… 200g
生クリーム(35%) …… 300g
＊マスカルポーネとクリームチーズは室温に戻しておく。

**作り方**
1　ボウルにAを合わせてゴムベラで均一に混ぜる。
2　1に豆乳、生クリームを加えてのばす。
3　2をバットに入れ、85℃のオーブンで15分焼く。

## キュウリのジュレ

**材料**(作りやすい分量)
キュウリ …… 3本
塩 …… 適量
グラニュー糖、板ゼラチン …… 適量(手順3参照)

**作り方**
1　キュウリを適当な大きさに切り、軽く塩をふって30分おく。
2　1をミキサーで撹拌し、リードペーパーを重ねた漉し器で漉し、液体を使用する。上に残った固体はキュウリのグラニテ用に取り置く。
3　2の液体を鍋に入れて火にかけ、沸かして火を止める。液体の重量の10%のグラニュー糖と1.5%のゼラチンを加えて混ぜ、溶かす。

## 自家製チーズ

**材料**(作りやすい分量)
牛乳 …… 500g
レモン果汁 …… 50g
塩 …… 1g

**作り方**
1　鍋に牛乳、塩を入れて沸かし、レモン果汁を加えて木ベラなどでゆっくりと混ぜる。
2　牛乳の成分が凝固したらペーパーで漉し、6時間ほどおいて水気をきる。

## キュウリの角切りと ボールと皮

**材料**(作りやすい分量)
キュウリ ┄┄ 1本
ボーメ30°シロップ ┄┄ 適量
ハーブ
　(ディル、バジル、セルフィーユ、ミント、エストラゴン、
　フェンネルの花) ┄┄ 適量

**作り方**

1　鍋にボーメ30°シロップを入れて火にかけ、沸かして火を止め、ハーブを加えて蓋をし、10分ほどおいて風味を移し、漉す。
2　キュウリの皮をむいて半分の長さに切り、片方はくりぬき器で丸く抜く。もう片方は2mm角に切る。皮の一部はせん切りにし、残りはキュウリの皮のパウダー用に取り置く。
3　1で2の丸いキュウリ、角切りのキュウリ、せん切りにしたキュウリの皮を和える。

## キュウリのグラニテ

**材料**(作りやすい分量)
キュウリのジュレの手順2で取り置いた
　キュウリ ┄┄ 100g
グラニュー糖 ┄┄ 15g
ハーブウォーター◆ ┄┄ 50g
◆ハーブウォーター…鍋に水を沸かし、火を止めてハーブ(上記キュウリの角切りとボールと皮のハーブと同じ)を加えて蓋をし、10分ほどおいて風味を移し漉したもの。

**作り方**
材料をすべてバット等に入れ、混ぜてグラニュー糖を溶かし、冷凍庫で凍らせ、フォークなどで削る。

## キュウリの皮のパウダー

**材料**(作りやすい分量)
キュウリの皮 ┄┄ 適量

**作り方**
キュウリの皮を66℃の乾燥器で乾燥させ、ミキサーで粉末にする。

## その他

クワの実、ソバの花、粉糖

## ❖組み立て❖

1

ソバ粉のタルト生地の中央に豆腐とマスカルポーネ、フロマージュブランのブリュレをのせ、ブリュレの上にキュウリの角切りを散らし、そのまわりにキュウリのジュレを3か所のせる。

2

さらに自家製チーズをのせ、キュウリのボウル、クワの実を盛る。

3

各素材の間にキュウリの皮を盛り、ソバの花を飾る。

4　キュウリのグラニテを数か所のせ、粉糖、キュウリの皮のパウダーを茶漉しでふる。

>杉の実、ブルーベリー、レリボ

## レリボのアイス

**材料**(作りやすい分量)
レリボ …… 450g
生クリーム(35%) …… 65g
グラニュー糖 …… 90g
水飴 …… 20g

**作り方**
1 ボウルにすべての材料を入れて泡立て器で混ぜ、パコジェットの容器に入れて冷凍する。
2 使用前にパコジェットで撹拌する。

## ブルーベリーの円盤グラニテ

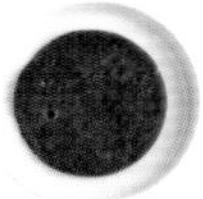

**材料**(作りやすい分量)
ブルーベリー …… 200g
杉の実のシロップ◆ …… 50g
板ゼラチン …… 2.5g
◆杉の実のシロップ…鍋にボーメ30℃シロップを沸かして火を止め、洗った杉の実を入れて蓋をし、半日おいて風味を移し、漉す。

**作り方**
1 ブルーベリーをミキサーでピュレにする。
2 鍋に杉の実のシロップを入れ、火にかけて温めて、ゼラチンを加えて溶かす。
3 2を1に加えて混ぜ、直径5.5cmの円盤状の型に5〜6mm厚さに流し入れ、冷凍する。

## 杉の実のジュレ

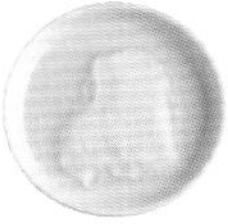

**材料**(作りやすい分量)
A ┌ 水 …… 1000g
　└ グラニュー糖 …… 90g
板ゼラチン …… 適量(手順2参照)
B ┌ 杉の実 …… 500g
　│ ミントの葉 …… 30g
　│ ライムの皮(すりおろし) …… 2個分
　└ ライム果汁 …… 2個分

**作り方**
1 鍋にAを入れ、火にかけて沸かし、火を止めてBを加えて蓋をし、半日おいて風味を移し、漉す。
2 1を温め、その重量の1.3%のゼラチンを加えて溶かし、容器に移して冷蔵庫で冷やし固める。

## その他

ブルーベリー、ミントの葉、オリーブオイル

## � 組み立て ➘

1 氷で作った中央のくぼんだ器にスプーンですくったレリボのアイスを盛り、その上にブルーベリーの円盤グラニテをのせる。
2 1の上に横に半割りにしたブルーベリーを敷き詰める。
3 2の上にミントを散らし、オリーブオイルをかける。

>タイベリーとカカオ

## 山椒クランブル

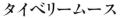

**材料**(作りやすい分量)
バター …… 50g
山椒パウダー …… 3g
薄力粉 …… 50g
アーモンドパウダー …… 50g
カソナード …… 50g

**作り方**

1　すべての材料をフードプロセッサーに入れ、そぼろ状にまとまるまで撹拌する。
2　1をシルパットを敷いた天板に散らし、170℃のオーブンで15〜20分ほど焼き、冷ます。

## チョコレートムース

**材料**(作りやすい分量)
卵黄 …… 90g
A［生クリーム(35%) …… 45g
　 グラニュー糖 …… 40g
ブラックチョコレート
　(カカオハンターズ・エリザベス) …… 173g
生クリーム(35%) …… 345g
ショウガすりおろし …… 20g

**作り方**

1　ミキシングボウルに卵黄を入れ、ミキサーで泡立てる。
2　鍋にAを入れ、火にかけて沸かし、1に少しずつ加えて撹拌する。
3　ボウルに溶かしたチョコレートを入れ、2を少しずつ加えながら泡立て器で混ぜる。一度分離するが、混ぜ続けて乳化させる。ショウガすりおろしを加えて混ぜる。
4　生クリームを7分立てにし、3に加えてゴムベラで混ぜる。

## タイベリームース

**材料**(作りやすい分量量)
タイベリーピュレ …… 308g
グラニュー糖 …… 5.3g
板ゼラチン …… 9.8g
A［グラニュー糖 …… 86g
　 水 …… 23g
卵白 …… 56g
生クリーム(35%) …… 114g
B［レモン果汁 …… 20g
　 ジン …… 17g

**作り方**

1　タイベリーピュレを半量ずつに分けて片方は鍋に入れ、残りはミキシングボウルに入れて氷水をあてておく。
2　1の鍋を火にかけて温め、ゼラチンを加えて溶かし、すぐにボウルに入れたタイベリーピュレに加えてゴムベラで混ぜ、人肌程度まで温度を下げる。
3　2のミキシングボウルを氷水にあてたままミキサーにセットし、泡立てる。
4　別の鍋にAを入れ、火にかけて117℃のシロップを作る。
5　別のミキサーボウルに卵白を入れてミキサーで泡立て、4を加えてさらに立て、イタリアンメレンゲを作る。
6　生クリームは9分立てにする。
7　6と5の一部をボウルに入れて泡立て器で混ぜ、それを3に加えてすくい混ぜる。
8　残りの6、5を順に7に加えてそのつどすくい混ぜる。
9　8にBを加えてすくい混ぜる。

## フェンネルアイス

**材料**(作りやすい分量)
A［牛乳 …… 375g
　 グラニュー糖 …… 37.5g
　 生クリーム(38%) …… 150g
　 水飴 …… 113g
フェンネルの葉 …… 40g

**作り方**

1　ボウルにAを入れて泡立て器で混ぜ、フェンネルの葉とともにパコジェットの容器に入れて冷凍する。
2　使用前にパコジェットで撹拌する。

## カカオポットの飴

**材料**(作りやすい分量)
パラチニット ······ 250g×2
水 ······ 50g×2
酒石酸 ······ 少量
色粉(赤、黄) ······ 適量

**作り方**

1 ふたつの鍋にそれぞれ水50g、酒石酸、パラチニット250gを入れて火にかけ、パラチニットを溶かし、赤と黄の色粉を加えて赤色と黄色にする。

2 1をそれぞれ170℃程度まで上げてシルパットの上に取り出し、揉むように混ぜてマーブル状にする。揉みすぎると白っぽくなるので注意。

3 2を手でつかんで引っぱり、ビー玉程度の大きさにハサミで切り、飴細工用ポンプにつけて空気を送り込み、先端を引っぱりながらカカオポットの形にふくらませ、ポンプから外して冷まし固める。底部を切り取ってドーム状にする。

## 花の香りのアイスパウダー

**材料**(作りやすい分量)
A ┌ 水 ······ 450g
  │ グラニュー糖 ······ 45g
  │ レモン果汁 ······ 30g
  │ タイベリーピュレ ······ 20g
  └ コンポートシロップ◆ ······ 120g
乾燥ハイビスカス ······ 9g
B ┌ ローズウォーター ······ 5g
  └ エルダーフラワーシロップ ······ 10g
◆コンポートシロップ…鍋に水60g、白ワイン80g、グラニュー糖50g、レモン果汁8gを合わせて沸かし、冷ます。

**作り方**

1 鍋にAを入れて火にかけ、沸いたら乾燥ハイビスカスを加え、火を止めてラップをかけ、10分おいて風味を移す。

2 1をリードペーパーで漉し、粗熱を取って冷蔵庫で冷やす。

3 2にBを加えて混ぜ、液体窒素を加えて凍らせ、フードプロセッサーで撹拌して粒状にする。

4 3をボウルに入れて再び液体窒素をかけて温度を下げる。

## その他
赤スグリ、フェンネルの葉、フランボワーズ、ハイビスカスの花

## ✦組み立て✦

1 器の中央に山椒クランブルを盛り、半割りにしたフランボワーズをのせる。

2

1の上にチョコレートムース、タイベリームースを順に絞る。

3

2の上にクネルに成形したフェンネルアイス、赤スグリ、フェンネルの葉をのせる。

4 カカオポットの飴を被せ、赤スグリ、ハイビスカスの花をのせ、花の香りのアイスパウダーをかける。

# シェーブルとイチゴ （レシピp.168）

荒井昇　濱村浩

春から初夏にかけて旬を迎えるシェーブルと、同じころ出回るベリー。
定番のとり合わせだが、ビーツソースの土っぽい香りと、ソースに混ぜたエルダーフラワーシロップの
青い香りでイチゴの果実味を際立たせ、シェーブルはエスプーマで現代的な軽さを表現する。

# リオレ（レシピ p.169）

## 荒井昇　濱村浩

フランスの家庭でベリーをリオレにたっぷりとのせて食べることに着想を得た品。
リオレとリオレのアイスにフレッシュベリーを合わせ、ベリーの季節に花々が咲くイメージも器の中に表現した。
ルバーブのコンポートの酸味やシロップに移したカカオのフレーバーで、
リオレの口あたりを軽く感じさせ、かつベリーの酸味や果実感を浮き上がらせる。

Chapter 3

ベリーの氷菓、デザート｜レストランのデザート

## ≫シェーブルとイチゴ

右奥はイチゴとピスタチオのミニタルトで、口やすめとして途中で食べるようすすめる。エスプーマにオリーブパウダーを添えたのは「イチゴやシェーブルとオリーブをよく合わせていた」荒井氏の南仏修業時代の思い出から。

## パートシュクレ

**材料**(作りやすい分量)
バター …… 250g
塩 …… 2g
粉糖 …… 37.5g
A ┌ 全卵 …… 1個
  └ 卵黄 …… 1個
B ┌ 粉糖 …… 112.5g
  └ アーモンドプードル(皮付き) …… 112.5g
薄力粉 …… 375g
＊Aは混ぜておく。
＊Bは合わせてふるっておく。

**作り方**
1 バターをミキサーボウルに入れ、ミキサーのビーターで撹拌してかためのポマード状にする。塩、粉糖を順に加え、遅めの中速で撹拌する。
2 1にAを2〜3回に分けて加えて撹拌し、乳化させる。
3 ミキサーの速度を落とし、Bを加えてゆっくりと撹拌する。薄力粉をふるって加え、均一に撹拌してラップで包み、冷蔵庫で一晩おく。
4 3を2mm厚さにのばし、直径4.5cmのタルトレット型に敷き込み、同じタルトレット型をのせ、焼く間に浮き上がらないようさらに鉄板をのせて重しにし、160℃のオーブンで焼き色がつくまで6〜7分焼く。
5 4の重しを外し、熱いうちに溶いた全卵(分量外)をハケでさっとぬる。再び160℃のオーブンに入れ、1分焼き、冷ます。

## ピスタチオクリーム

**材料**(作りやすい分量)
バター …… 30g
パータボンブ(右記参照) …… 10g
イタリアメレンゲ(右記参照) …… 10g
クレームパティシエール(右記参照) …… 100g
ピスタチオペースト …… 40g
＊バターはポマード状にしておく。

**作り方**
1 ボウルにバターを入れ、パータボンブを加えて泡立て器で混ぜ、さらにイタリアンメレンゲを加えて混ぜる。

2 別のボウルにクレームパティシエールを入れ、ゴムベラでつぶして軽くコシをきるようにほぐす。完全にコシを切らないよう注意。
3 2に1を加えてゴムベラでさっくりと混ぜる。
4 ボウルにピスタチオペーストを入れ、3の¼量程度を加え、ペーストをのばす。3のボウルに戻し入れ、全体を均一に混ぜる。

## クレームパティシエール

**材料**(作りやすい分量)
A ┌ 牛乳 …… 475g
  └ 生クリーム …… 25g
B ┌ 卵黄 …… 120g
  │ グラニュー糖 …… 100g
  │ コーンスターチ …… 20g
  └ 薄力粉 …… 20g
バター …… 25g

**作り方**
1 鍋にAを入れ、火にかけて沸かす。
2 ボウルにBを入れて泡立て器でよくすり混ぜ、1を加えて混ぜ、鍋に戻して粉に火が入るまで炊く。
3 バターを加えて混ぜ、乳化させ、冷ます。

## パータボンブ

**材料**(作りやすい分量)
卵黄 …… 160g
グラニュー糖 …… 250g
水 …… 適量

**作り方**
1 鍋にグラニュー糖を入れ、グラニュー糖が浸るよりも少し多めの水を加えて火にかけ、110℃のシロップにする。
2 ミキサーボウルに卵黄を入れ、ミキサーで泡立て、1を加えてさらにしっかりと立てる。

## イタリアンメレンゲ

**材料**(作りやすい分量)
卵白 …… 50g
グラニュー糖 …… 100g
水 …… 適量

**作り方**
1 鍋にグラニュー糖を入れ、その⅓量程度の水を加えて火にかけ、118℃のシロップにする。
2 ミキサーボウルに卵白を入れてミキサーである程度空気を含むまで泡立て、1を加えてさらにしっかりと立てる。

## イチゴマリネ

**材料**(1人分量)
イチゴ(5mm角にカットしたもの) …… 15g
イチゴソース◆ …… 3g
◆イチゴソース…鍋にイチゴピュレ100gとグラニュー糖20gを入れて沸かし、フレッシュのイチゴと合わせた時に味が薄く感じないよう軽く煮詰め、冷やす。

**作り方**
1 ボウルにイチゴとイチゴソースを入れ、和える。
2 直径4cmの半球型フレキシパンに入れてすりきり、冷蔵庫で冷やす。

## エスプーマシェーブル

**材料**(作りやすい分量)
シェーブル(サントモールブラン) …… 100g
フロマージュブラン …… 50g
A
牛乳 …… 150g
生クリーム …… 80g
グラニュー糖 …… 50g
B
レモン果汁 …… 9g
プロエスプーマコールド(SOSA) …… 23g

**作り方**
1 鍋にAを入れ、火にかけて沸かす。
2 シェーブルを細かく刻み、フロマージュブランとともに1に加え、軽く沸かして火を止める。
3 2をブレンダーでシェーブルのダマがなくなるまで撹拌し、冷やす。
4 3にBを加えてよく混ぜ、エスプーマアドバンスのサイフォンに入れ、専用のガスを注入する。

## イチゴソルベ

**材料**(作りやすい分量)
A
水 …… 140g
トリモリン …… 60g
グラニュー糖 …… 100g
増粘剤(ビドフィックス) …… 2g
冷凍イチゴピュレ(凍った状態) …… 500g
レモン果汁 …… 20g

**作り方**
1 鍋にAを入れ、火にかけて沸かす。
2 冷凍イチゴピュレを刻んでボウルに入れ、レモン果汁、1を加えて混ぜ、冷ます。
3 パコジェットの容器に入れ、冷凍する。使用前にパコジェットで撹拌する。

## ビーツソース

**材料**(作りやすい分量)
ビーツのジュ◆ …… 50g
A
エルダーフラワーシロップ …… 18g
レモン汁 …… 2g
◆ビーツのジュ…ビーツの皮をむいてサイコロ状に刻み、スロージューサーにかけてとった液体。

**作り方**
1 鍋にビーツのジュを入れ、火にかけて沸かし、布漉しして冷ます。
2 1にAを加えて混ぜる。

## その他

イチゴ、オキサリス、ピスタチオ、ブラックオリーブパウダー

## ✦組み立て✦

1 パートシュクレにピスタチオクリームを入れてすりきる。
2 型に入ったイチゴマリネの片端をパレットナイフで押して回転させて取り出し、1の上にのせる。
3 2に刻んだピスタチオをのせる。
4 中央のくぼんだ器の、くぼみの右寄りにキューブ状にカットしたイチゴを盛り、その上にオキサリスを飾る。
5 4の左の手前寄りにエスプーマシェーブルを絞り出す。その上にブラックオリーブパウダーをのせる。
6 4、5の奥にクネルに成形したイチゴソルベを盛る。
7 3を器にのせ、6とともに提供し、客席で6にビーツソースをかける。

### ＞リオレ

写真右奥はごく薄く焼き上げたフイユタージュで、アイスクリームにウェハースを添えるイメージ。口直しになるとともに、口中に広がるバターの風味でデザート全体がリッチな印象。提供時に左奥のローズウォーターをふきかけ、香りが立ちのぼったところをすすめる。

## リオレ

**材料**(作りやすい分量)
リオレベース(p.170参照) …… 110g
生クリーム …… 100g
グラニュー糖 …… 10g

**作り方**
1 生クリームにグラニュー糖を加え、をかたく泡立てる。
2 ボウルにリオレベースを入れ、1の1/3量を加えてゴムベラでよく混ぜ、残りの1を加えてリオレベースに空気を含ませるようにさっくりと混ぜる。

# リオレアイス

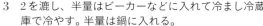

**材料**(作りやすい分量)
牛乳 …… 1000g
生クリーム …… 250g
グラニュー糖 …… 250g
スキムミルク …… 62g
水飴 …… 62g
リオレベース(下記参照) …… 500g

**作り方**

1 鍋にリオレベース以外の材料を入れて火にかけ、沸く直前にリオレベースを加える(最初にリオレベースを入れると焦げやすい)。ひと煮立ちしたら火を止める。
2 1をブレンダーで撹拌し、リオレの粒を細かく砕く(3でパコジェットの容器の底に大きな粒がたまらない程度に)。
3 2を冷ましてパコジェットの容器に入れ、冷凍する。使用前にパコジェットで撹拌する。

# リオレベース

**材料**(作りやすい分量)
米 …… 100g
A ┌ 牛乳 …… 400g
  │ バニラビーンズ …… 1本
  └ グラニュー糖 …… 50g
バター …… 20g

**作り方**

1 鍋に湯を沸かし、米を30秒ゆでてザルにあけ、水洗いしてぬめりを取り、水気をきる。
2 鍋に1とAを入れ、火にかけて沸かす。沸いたらごく弱火にして蓋をし、20〜30分コトコト炊く。焦げないように時々ゴムベラで混ぜる。
3 指で挟んでかんたんにつぶれるくらいのやわらかさになったら炊きあがり(冷やすと締まってかたくなるためごくやわらかくする)。熱いうちに刻んだバターを加えてよく混ぜる。
4 バットに移して落としラップをし、氷をあてて冷ます。

# リュバーブガルニチュール①

**材料**(作りやすい分量)
ルバーブの太い部分 …… 250g
水 …… 1000g
グラニュー糖 …… 300g

**作り方**

1 ルバーブを9cm長さに切り、皮をむく。
2 鍋に水、1のルバーブの皮、グラニュー糖を入れ、火にかけて沸かし、ルバーブの香りと色のついたシロップにする。

3 2を漉し、半量はビーカーなどに入れて冷まし冷蔵庫で冷やす。半量は鍋に入れる。
4 3の鍋にルバーブを入れ、火にかけて軽く沸くまで温度を上げ、ルバーブがやわらかくなるまでコトコトと静かに煮る。浮いたルバーブは適宜静かに裏返して全体に火を通す。火が強いとルバーブが外側からほぐれるので注意。
5 ルバーブに火が通ったら静かに取り出し、3で冷やしておいたシロップにつけ、冷蔵庫で一晩おく。
6 5の水気をきり、両端を切り落として4cm長さに切る。

# リュバーブガルニチュール②

**材料**(作りやすい分量)
ルバーブの細い部分 …… 100g
フランボワーズシロップ(下記参照) …… 500g

**作り方**

1 ルバーブを10cm長さに切り、皮をむいて縦に細く切る。
2 フランボワーズシロップの半量はビーカーなどに入れ冷蔵庫で冷やしておく。半量は鍋に入れ、火にかける。
3 鍋のシロップが沸いたら1を加え、ピンセットでルバーブの真ん中をつまみ上げたときに、両端が下がって弧を描くくらいに火が入ったら2で冷やしておいたシロップにつけて冷蔵庫で冷やす(くたっと曲がるのは火の入りすぎ。食感の残った状態に仕上げる)。
4 3で鍋に残ったシロップを冷まし、3でルバーブをつけたシロップに加え、冷蔵庫で一晩おく。水気をきり、3cm長さに切る。

# フランボワーズシロップ

**材料**(作りやすい分量)
冷凍フランボワーズ
 (端材も入っていてよい) …… 1000g
カカオニブ …… 150g
水 …… 150g
グラニュー糖 …… 260g

**作り方**

1 使う前日にバットにすべての材料を入れ、ラップをかけて冷蔵庫に入れておく。
2 翌日、85℃のスチームコンベクションオーブンヴァプールで3〜4時間加熱する。フランボワーズの果汁が出て実の色が少しくすむくらいが目安。
3 2をそっとザルにあけて漉す。
4 3のザルの上にラップをかぶせ、ラップ越しに軽く重しをしてフランボワーズの中に残っている水分を下に落とす。
5 3、4で漉した液体を合わせて鍋に入れ、火にかけて沸かし、布漉しして冷まし、冷蔵庫で冷やす。

# アリュレット

**材料**(作りやすい分量)

A ┌ 薄力粉 …… 250g
　└ 強力粉 …… 250g
バター(デトランプ用) …… 50g
B ┌ 牛乳 …… 113g
　│ 水 …… 113g
　│ 塩 …… 10g
　└ グラニュー糖 …… 10g
バター(折り込み用) …… 400g
水でのばした全卵 …… 適量
オールスパイスパウダー …… 適量
＊Bは混ぜて塩とグラニュー糖を溶かしておく。

**作り方**

1 ミキシングボウルにA、バターを入れてミキサーの
　フックで低速で撹拌し、Bを少しずつ加えて全体に
　ぽろぽろとした小さなまとまりができるまで撹拌
　する。
2 1を取り出してひとつにまとめ、上部に包丁で十字
　の切り込みを入れ、1時間以上冷蔵庫でおく(デトラ
　ンプ)。
3 折り込み用のバターを18cm×18cm程度に麺棒でた
　たきのばす。
4 打ち粉(分量外)をした台に2をのせ、麺棒でのばし、
　3を包む。麺棒でたたいてバターとデトランプを密
　着させ、ラップで包んで冷蔵庫で1時間おく。
5 4を麺棒でのばして三つ折りにし、再度のばして三
　つ折りにし、ラップで包んで冷蔵庫で1時間おく。
6 5と同様に三つ折りを2回し、冷蔵庫で一晩おく。
7 5と同様に三つ折りを2回して(計6回)、冷蔵庫で1
　時間おく。
8 7を包丁で4分割し、1個を縦45cm以上、横24cm以
　上の長方形に2mm厚さにのばす。半分に切り、22.5
　cm×24cmを2枚とる。
9 8にドリュールをハケで薄くぬり、オールスパイス
　のパウダーをふり、再びドリュールをオールスパイ
　スの粉気がなくなるくらいにぬる。
10 9を22.5cmの辺を手前にして置き、クルクルと巻い
　て22.5cm長さの棒状にし、ラップで包んで冷凍す
　る。
11 10を冷蔵庫で半解凍し、5〜6mm厚さにスライスし
　て冷蔵庫で解凍する。
12 11に打ち粉代わりに粉糖をたっぷりとふりながら
　パスタマシーンに何度か通し、1枚を横7〜8cm、縦
　20cm弱の楕円形にのばす。
13 適宜にカットしたオーブンシートの上に12を2枚の
　せ、ラップをかぶせる。その上にオーブンシート、12
　(2枚)、ラップの順に重ねて冷凍する。
14 13の使う分を解凍する。
15 シルパットをのせた天板を195℃のコンベクション
　オーブンの予熱で温め、その上にラップをはずした
　14をオーブンシートを上にして並べる。オーブン
　シートがとばないように網などをのせて重しにし、
　195℃のコンベクションオーブンで1分45秒焼く。

16 網を外して天板を反転させてオーブンに戻し、生地
　が浮き上がらないように熱しておいた天板をのせ
　て再び195℃で1分45秒焼く(天板は重さが足りな
　ければタルトストーンをのせて調整)。
17 焼き上がったら熱いうちにオーブンシートを外し
　てシルパットの上で片側の短辺を切り落として15
　cm長さにする。

## その他

ブルーベリー(大粒)、フランボワーズ、食用花、ローズウォー
ター

## ⇒組み立て⇐

1 ボウル状の器にスプーンですくったリオレを盛る。

2

リオレの両脇にリュバーブガルニチュール①を2本
盛り、リオレを囲むようにリュバーブガルニチュー
ル②を3本添える。

3

リュバーブガルニチュール①の間にフランボワー
ズとブルーベリーを2個ずつ盛る

4 フランボワーズシロップを全体にかける。
5 リオレの上にクネルに成形したリオレアイスをの
　せ、食用花を飾る。
6 5を乾山に立てたアリュレットとともに提供し、アト
　マイザーに入れたローズウォーターを5に吹きつけ
　る。

# イチゴのカネーデルリ<sub>（レシピp.176）</sub>

## 宮木康彦

カネーデルリは硬くなったパンなどを使った団子状の北イタリア料理で、
宮木氏が現地で出会った果物を包むドルチェ版をイチゴで仕立てた。
軽く火の通ったイチゴの甘酸っぱさと温かいリコッタの生地を、
ソースにしたつぶしたてのイチゴの華やかな香りが包む。

# ベリーの
# サバイヨンソースグラタン

（レシピp.177）

**宮木康彦**

香り高い辛口酒「ヴェッキオサンペーリ」を加えた
サバイヨンソースを、バニラアイスとベリーに
たっぷりとかけて焼いた、北イタリアをイメージした
ドルチェ。ソースのコクに対するさまざまな
ベリーの酸味、温冷の対比、加熱で
より際立つ酒の香りで飽きさせない。

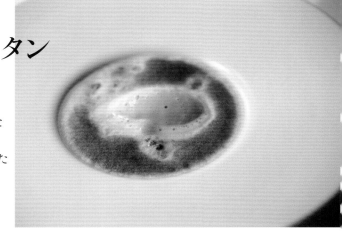

# 紅茶のジェラートとベリーのソース （レシピp.178）

## 宮木康彦

ベリーと紅茶が持つ香りや軽い渋味の「互いが引き合ってふくらむような」相性のよさを表現。
ジェラートは卵の量を抑え、バラの花入りの紅茶の風味を出す。熱々のベリーソースが
生のベリーに軽く火を入れるとともにジェラートを徐々に溶かし、全体をつなぐ。

Chapter 3　ベリーの氷菓、デザート　レストランのデザート

Chapter 3　ベリーの氷菓、デザート　レストランのデザート

＞イチゴのカネーデルリ

## カネーデルリの生地

**材料**（8〜10個分）

A ┌ リコッタ …… 230g
　│ バター …… 40g
　│ グラニュー糖 …… 10g
　│ レモンの皮（すりおろし）…… ½個分
　└ 塩 …… ひとつまみ
卵黄 …… 2個分
薄力粉 …… 120g
＊バターはポマード状にしておく。
＊薄力粉はふるっておく。

**作り方**

1 ボウルにAを入れ、ゴムベラで混ぜる。
2 卵黄を1個ずつ加え、そのつど均一になるまで混ぜる。
3 薄力粉を加え、練らないように混ぜる。
4 ラップをかけ、冷蔵庫で1時間おく。
5 4を40〜50gずつに分割する。

## シナモンパン粉

**材料**（作りやすい分量）

パン粉（細挽）…… 100g
バター …… 50g
A ┌ グラニュー糖 …… 50g
　└ シナモンパウダー …… 3g

**作り方**

1 鍋にバターを入れ、火にかけて溶かし、パン粉を加えて軽く香ばしさが出るまで炒る。
2 1をボウルに移し、Aを加えて混ぜる。

## イチゴソース

**材料**（作りやすい分量）
イチゴ …… 4個
カソナード …… 5g

**作り方**

ボウルにヘタを取ったイチゴを入れてカソナードをふりかけ、スプーンでイチゴをつぶしながらからめ、イチゴの水分がにじみ出るまで少しおく。

### その他

イチゴ、バルサミコ酢

### ➬組み立て➬

1 イチゴのヘタを取り、カネーデルリの生地で包み、丸める。
2 1％の塩（分量外）を加えた湯で1を7〜10分ゆでて水気をきる。
3 シナモンパン粉の入ったボウルに2を入れ、全体にまぶす。
4 器に盛り、イチゴソースを器に流し、ソースの上にバルサミコ酢を少量たらす。

＞ベリーのサバイヨンソースグラタン

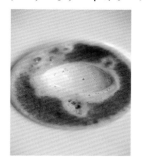

## ジェラート

**材料**(作りやすい分量量)

A ┌ 卵黄 …… 15個
　└ グラニュー糖 …… 150g
牛乳 …… 1ℓ
バニラビーンズ …… 2本
B ┌ 生クリーム(42%) …… 150g
　└ 増粘剤(ジェルエスペッサ) …… 1g

**作り方**

1　牛乳の½量とサヤごとのバニラビーンズをミキ
　サーで撹拌し、鍋に移す。ミキサーに残りの牛乳を
　入れ、軽くゆすって底や側面に残ったバニラビーン
　ズを浮かせ、同じ鍋に移す。
2　ボウルにAを入れ、泡立て器で白っぽくなるまです
　り混ぜる。
3　1の鍋を火にかけ、沸騰直前まで加熱し、2に3回に
　分けて加えそのつど均一に混ぜ、鍋に戻して火にか
　け、混ぜながら83℃まで炊く。
4　Bを加えて混ぜ、漉して冷やす。
5　4をパコジェットの容器に入れて冷凍し、パコ
　ジェットで撹拌する。冷凍と撹拌を数回繰り返して
　空気を含ませる。

## サバイヨンソース

**材料**(作りやすい分量)
卵黄 …… 4個
グラニュー糖 …… 36g
ヴェッキオサンペーリ …… 30g

**作り方**

1　ボウルにすべての材料を入れ、泡立て器で撹拌し空
　気を含ませる。
2　1のボウルを湯煎にかけてさらに撹拌し、ふんわり
　としたソースにする。

### その他

冷凍クランベリー、スグリ、ブラックベリー

## ✦組み立て✦

1　浅くくぼんだ耐熱皿に解凍したクランベリー、スグ
　リ、ブラックベリーを並べ、スプーンでクネルに成
　形したジェラートをのせる。
2　サバイヨンソースをたっぷりとかけ、サラマンドル
　で表面を焼く。

＞紅茶のジェラートとベリーのソース

# 紅茶のジェラート

**材料**(作りやすい分量)

牛乳 …… 500g

A ┌ 卵黄 …… 3個
　 └ グラニュー糖 …… 85g

紅茶茶葉(乾燥バラの花びら入りアッサム) …… 7g

B ┌ 生クリーム(45%) …… 60g
　 └ 増粘剤(ジェルスペッサ) …… 3g

**作り方**

1　鍋に牛乳を入れて火にかけ、沸騰直前で火を止め、紅茶茶葉を加えて蓋をし、5分おいて風味を移す。

2　ボウルにAを入れて泡立て器で白っぽくなるまですり混ぜる。1を茶葉ごと加えて均一に混ぜ、鍋に戻して火にかけ、混ぜながら83℃まで炊く。

3　Bを加えて混ぜ、漉して冷やす。

4　3をパコジェットの容器に入れて冷凍する。撹拌と冷凍を数回繰り返して空気を含ませる。

# ソース

**材料**(作りやすい分量)

A ┌ フランボワーズピュレ …… 25g
　 └ グラニュー糖 …… 5g

**作り方**

鍋にAを入れ、火にかけて温める。

# その他

フランボワーズ、イチゴ、ブルーベリー、ブラックベリー

# ❖組み立て❖

1　スープ皿にフランボワーズ、イチゴ、ブルーベリー、ブラックベリーを盛り、中央にスプーンでクネルに成形した紅茶のジェラートをのせる。

2　提供時に熱いソースをかける。

# 独活、苺 (レシピp.183)

## 川手寛康

「香りが繊細だが存在感を放ち、かつ他を消さない」苺を、
旬を同じくする独活の無加糖ババロワと合わせた。
ハイビスカスの酸や刻んだ冬瓜の砂糖漬けのピンポイントな甘味、
そのサクサク感とババロワのやわらかさなどの対比を、独活と苺の香気が包む。

# スグリ（レシピp.184）

## 川手寛康

強い酸味を持つが、香りの主張は穏やかで
他との調和をはかりやすいスグリをシンプルにピュレに。
ココナッツのブランマンジェとミルクのパウダーアイスのまろやかな味わいを
適度に引き締めながら、
気品ある香りで寄り添い一体感をつくる。

# フランボワーズ <small>（レシピp.184）</small>

## 川手寛康

「少量でもこの素材特有の酸味と香りのバランス感を保つ」と、
冷凍して砕いたフランボワーズをルバーブアイスに混ぜ込んだ。
それを花ズッキーニに詰めてベニエ生地を薄くまとわせて揚げ、
フランボワーズを主張させることなくその個性的な味わいを表現する。

# ブルーベリー、芋 (レシピ p.185)

## 川手寛康

ジャガイモ入りクレープをイモ焼酎で
フランベしたクレープシュゼット。
蒸留酒を使うことで香りは豊かに甘さを抑え、
現代的な軽さを持たせる。
そのバランスに合う果実味をブルーベリーで加え、
ブリニのイメージでキャビアの塩気をアクセントとした。

# ブラックベリー (レシピ p.186)

## 川手寛康

ブラックベリーを半乾燥させ、ラムで戻して凝縮感と複雑さを伴う味わいに。
合わせる焦がしバタークリームやカカオサブレは、香ばしさやカカオ感をほのかに感じる程度に抑え、リッチな味わいの中でいずれも突出させずに3種の調和をはかる。

＞独活、苺

## ウドのババロワ

**材料**（作りやすい分量）
ウド …… 正味180g
生クリーム（42%）…… 40g
板ゼラチン …… 3g

**作り方**
1 ウドの皮をむいてミキサーでピュレにする。
2 1をボウルに入れて生クリームを加え、ゴムベラで混ぜる。
3 2の一部を温め、ゼラチンを加えて溶かし、2に戻して混ぜる。
4 3を器に流し、冷蔵庫で冷やし固める。

## イチゴのジュ

**材料**（作りやすい分量）
イチゴ …… 100g
グラニュー糖 …… 80g

**作り方**
1 ボウルにヘタを取ったイチゴとグラニュー糖を入れて混ぜ、冷蔵庫で1日おく。
2 1を漉し、液体を使う。

## ローゼルオイル

**材料**（作りやすい分量）
太白ゴマ油 …… 適量
乾燥ローゼル …… 適量

**作り方**
1 乾燥ローゼルをミルサーで撹拌し粉にする。
2 太白ゴマ油と1を5：1程度の割合で合わせてミルサーで撹拌する。

## ウドピクルス

**材料**（作りやすい分量）
ウドの穂先 …… 適量
A ┌ 白ワイン …… 100g
　│ 白ワインビネガー …… 50g
　│ りんご酢 …… 50g
　│ 水 …… 100g
　└ グラニュー糖 …… 10g

**作り方**
1 鍋にAを入れ、火にかけて沸かし、冷ます。
2 ウドの穂先をさっとゆで、1につける。

### その他

イチゴ、きっぱん（冬瓜を砂糖漬けした沖縄の伝統菓子）、ヴェルベーヌの新芽

### ⊱組み立て⊰

1 冷やし固めたウドのババロワの上一面にイチゴのジュを流し、ローゼルオイルをスプーン1杯程度まわしかける。
2 小さなキューブ状に切ったイチゴ、きっぱん、ウドピクルス、ヴェルベーヌの新芽を順に散らす。

≻スグリ

## ブランマンジェ

**材料**(作りやすい分量)
- A
  - 牛乳 …… 450g
  - グラニュー糖 …… 45g
  - ココナッツロング …… 50g
- B
  - 粉ゼラチン …… 7g
  - 水 …… 21g
- ホイップクリーム(42%・6分立て) …… 105g

＊Bは合わせて粉ゼラチンをふやかしておく。

**作り方**
1 鍋にAを入れて火にかけ、沸かして火を止め、15分ほどおいて風味を移し、ボウルに漉し入れる。Bを加え、混ぜて溶かす。
2 1にホイップクリームを加えてゴムベラですくい混ぜ、冷蔵庫で冷やし固める。

---

## スグリピュレ

**材料**(作りやすい分量)
赤スグリ …… 1パック

**作り方**
赤スグリの枝を取り除き、ミルサーで撹拌してピュレにする。

---

## 牛乳のパウダーアイス

**材料**(作りやすい分量)
牛乳 …… 適量

**作り方**
ボウルに牛乳を入れ、液体窒素を加えて固め、ブレンダーで撹拌してパウダー状にする。

---

## その他
赤スグリ(冷凍)

---

## ✦組み立て✦

1 ブランマンジェをスプーンですくって器に盛り、スグリピュレをかける。
2 牛乳のパウダーアイスをかけ、赤スグリを飾る。

---

≻フランボワーズ

## リュバーブアイス

**材料**(作りやすい分量)
ルバーブジュース
（ルバーブをミキサーにかけたもの) …… 270g
- A
  - 全卵 …… 189g
  - グラニュー糖 …… 120g
- 溶かしバター …… 63g
- フランボワーズ …… 適量

＊フランボワーズは冷凍しておく。

**作り方**
1 ボウルにAを入れて泡立て器ですり混ぜる。
2 鍋にルバーブジュースを入れ、火にかけて沸かす。
3 1に2を加えて混ぜ、鍋に戻して83℃まで混ぜながら炊く。
4 溶かしバターを加えてよく混ぜ、冷ましてパコジェットの容器に入れ、冷凍庫で冷凍する。
5 4をパコジェットで撹拌し、叩いて細かく砕いたフランボワーズと混ぜる。

---

## ベニエ生地

**材料**(作りやすい分量)
薄力粉 …… 100g
塩 …… 1g
イースト …… 10g
ビール …… 130g

**作り方**
ボウルにすべての材料を入れて混ぜ、30分ほどおく。

## リュバーブのソース

**材料**(作りやすい分量)
ルバーブ …… 適量
グラニュー糖 …… 適量

**作り方**

1 ルバーブをジューサーで撹拌して液状にし、鍋に移して火にかけ、⅓量に煮詰める。
2 味を見てグラニュー糖を加え、甘味を整える。

### その他

花ズッキーニ、揚げ油、フリーズドライフランボワーズパウダー

### ✦組み立て✦

1 花ズッキーニのおしべとめしべを取り、リュバーブアイスを詰める。
2 1にベニエ生地をまとわせ、170℃に熱した揚げ油で揚げる。
3 油をきり、フランボワーズパウダーをふり、器に盛る。ベニエにリュバーブのソースを添える。

>ブルーベリー、芋

## クレープ

**材料**(作りやすい分量)
強力粉 …… 90g
牛乳 …… 170g
全卵 …… 1個
グラニュー糖 …… 20g
溶かしバター …… 10g
ジャガイモピュレ◆ …… 200g
◆ジャガイモピュレ…ジャガイモをやわらかくゆでて皮をむき、ミキサーで撹拌してピュレにする。

**作り方**

1 ボウルに強力粉とグラニュー糖を入れて泡立て器で混ぜ、全卵、牛乳を加えてそのつど混ぜる。
2 1にジャガイモピュレを加えて混ぜ、冷蔵庫で12時間ほどおく。
3 2に溶かしバターを加えて混ぜる。
4 フライパンにバター(分量外)を溶かし、3を薄く流し入れ、両面をキツネ色に焼く。

### その他

グラニュー糖、バター、バタースコッチ・リケール(マリエンホーフ)、イモ焼酎(樽熟成させたもの)、ブルーベリー、ローズマリー、キャビア、ホイップクリーム(7％加糖しクネルに成形し凍らせたもの)

### ✦組み立て✦

1 フライパンにグラニュー糖を入れて火にかけ、色づいてきたらバターを加え、バタースコッチ・リケールとイモ焼酎を加えてフランベしながらバターを溶かす。
2 1に4つにたたんだクレープを入れて軽く煮て、ブルーベリーとローズマリーを加えて蓋をし、香りを出しながらサッと火を通す。
3 2を器に盛り、キャビアを点々と添え、ホイップクリームをのせる。

>ブラックベリー

## カカオサブレ生地

**材料**(作りやすい分量)
バター …… 125g
粉糖 …… 80g
卵黄 …… 20g
塩 …… 0.2g
ラム酒 …… 10g
A ┌ アーモンドパウダー …… 15g
  │ 薄力粉 …… 100g
  │ ココアパウダー …… 10g
  └ ベーキングパウダー …… 1g
＊バターはポマード状にしておく。
＊Aは合わせてふるっておく。

**作り方**
1 ボウルにバターと粉糖を入れ、泡立て器で白っぽくなるまですり混ぜる。
2 卵黄を加え、よく混ぜて乳化させる。
3 塩、ラム酒を加えて混ぜる。
4 Aを加え、ゴムベラで粉気がなくなるまで切り混ぜる。まとめてラップで包み、冷蔵庫で冷えるまでおく。
5 4を2mm厚さにのばし、直径6.5cmの丸型で抜き、シルパンを敷いた天板に並べる。175℃のオーブンで8〜10分焼き、冷ます。

## バタークリーム

**材料**(作りやすい分量)
A ┌ 卵黄 …… 20g
  └ 全卵 …… 20g
グラニュー糖 …… 62g
水 …… 適量(手順1参照)
B ┌ 焦がしバター …… 88g
  └ 発酵バター …… 88g
ラム酒 …… 15g
＊発酵バターは室温に戻しておく。

**作り方**
1 鍋にグラニュー糖とひたひたの水を入れて火にかけ、沸かして117℃のシロップにする。
2 ミキサーボウルにAを入れ、ミキサーで泡立て、1を加えてさらに白っぽくもったりとするまで泡立てる。
3 ボウルにBを入れ、泡立て器で均一に混ぜる。
4 3に2を加えて均一に混ぜ、ラム酒を加えて混ぜる。

## ブランデー風味の
## ブラックベリー

**材料**(作りやすい分量)
ブラックベリー …… 適量
A ┌ 水 …… 300g
  │ グラニュー糖 …… 200g
  └ ブランデー …… 100g

**作り方**
1 ブラックベリーは65℃の乾燥器で7時間ほど乾燥させセミドライにする。
2 鍋にAを入れ、沸いたら火を止めて冷まし、冷蔵庫で冷やす。
3 2に1を6時間ほどつける。

## ✦組み立て✦

1 カカオサブレ生地にバタークリームを丸口金で点々と絞る。
2 1のバタークリームの隙間に水気をきったブランデー風味のブラックベリーを置く。
3 カカオサブレ生地ではさみ、皿に盛る。

# ベリー索引

# 著者紹介

## 荒井昇（写真右）

専門学校卒業後、都内のレストラン等で修業し渡仏。パリや南仏のレストランで研鑽を積み、帰国後築地市場（当時）の仲買を経て料理人として2000年に地元浅草で独立。料理、デザートともに、フランスの伝統的な食文化や身近な食材の取り合わせに寄り添いながら、現代的に洗練された、レストランの品に落とし込む。2018年に姉妹店のビストロ「ノウラ」を開業。

## 濱村浩（写真左）

専門学校卒業後、都内レストランに料理人として入店。サービスと厨房を経験した後パティシエに転向し「オーボンビュータン」で5年半洋菓子の基礎を学ぶ。フランス、東京でレストランパティシエの経験を積み、2021年「オマージュ」と姉妹店「ノウラ」のシェフパティシエ就任。シェフの荒井氏とともに、伝統技術や身近な素材の取り合わせを基調としながらレストランらしいライブ感と現代的な味わいの表現を追求する。

**オマージュ**
東京都台東区浅草4-10-5

## 遠藤淳史

専門学校卒業後、ホテルにて製菓の経験を積み、渡仏しパリで修業。帰国後「タント・マリー」のシェフパティシエを務め、2021年独立。菓子はシンプル・複雑いずれの構成も得意とし、菓子ごとの味の主題を繊細なバランス感覚で打ち出す。多彩な造形表現にはホテル勤務時代に培った技術も生きる。

**コンフェクト-コンセプト**
東京都台東区元浅草2-1-16　シエルエスト1F

## 金井史章

専門学校卒業後、株式会社ビゴ東京に入社。その後渡仏し、三つ星レストランで研鑽を積む。帰国後ビストロ「ブノワ」シェフパティシエ、「アングラン」シェフパティシエを歴任し、2020年に独立。同年松屋銀座店をオープン。素材の香りを重視し、フランス菓子の技術とデザートの制作経験を生かした多様な菓子を提案する。

**アンフィニ**
東京都世田谷区奥沢7-18-3

## 川手寛康

高校の食物科を卒業後「ル ブルギニオン」等都内レストランで修業し渡仏。帰国後「カンテサンス」スーシェフを経て2009年独立。フランス料理の技術に重きをおきながら、日本国内と世界中を巡る自身の経験から得た発想を自由に取り入れ、独自の料理表現を続ける。ほかに「デンクシフロリ」、台湾「Logy」、「あずきとこおり」などを手掛ける。

**フロリレージュ**
東京都港区虎ノ門5-10-7 麻布台ヒルズ ガーデンプラザD 2F

## 栗田健志郎

大学卒業後、栃木と東京のパティスリーで経験を積み、渡仏。パリの老舗レストランで1年間修業し、シェフパティシエを務める。帰国し2015年に生まれ育った長野・松本市で開業。フランス産の小麦粉と地元産を中心とした食材を使い、素材の味を尊重した菓子作りに取り組む。果実は近隣農家から直接仕入れるものも多い。

**アトリエ ブレ**
長野県松本市蟻ケ崎5-2-8

## 小山千尋

専門学校卒業後、菓子店で修業。2019年独立。フランス菓子の技術をベースとするが、アメリカ、イギリスなどのカジュアルな菓子も得意。旬の素材を使い、「日常を豊かにするおいしさ」の提供を心がける。

**ティトル**
東京都世田谷区砧7-12-26

## 昆布智成

大学卒業後専門学校に進み、卒業後「オーボンビュータン」、「ピエール・エルメ サロン・ド・テ」で修業。その後渡仏し、パティスリーとレストランで研鑽を積む。帰国後「アン グラン」に入店し、2019年よりシェフパティシエを務める。2023年5月、実家である和菓子店「昆布屋孫兵衛」に入店。培ったフランス菓子技術をベースとしながらジャンルの垣根を取り払った菓子作りに取り組む。

**昆布屋孫兵衛**
福井県福井市松本2-2-6

## 髙橋雄二郎

専門学校卒業後、都内のフレンチレストランで料理人として修業後渡仏。三ツ星レストラン、ビストロ、パティスリー、ブーランジェリーで修業し帰国。「ル ジュー ドゥ ラシエット」のシェフを務め、2015年独立。料理、デザートとも、季節感を重視し緻密に構築した味わいを印象的な造形で表現する。

## 長屋明花

専門学校卒業後、神奈川県のパティスリーで3年間修業。できたてのおいしさを提供するデザート分野に興味を持ち、「ブノワ」で2年半、イタリアンレストランとカフェのデザート部門に計5年半勤め、2022年より「ル・スプートニク」シェフパティシエ。季節の素材のフレーバーを重視し、刹那的な演出も積極的に取り入れる。

**ル・スプートニク**
東京都港区六本木7-9-9　リッモーネ六本木1F

## 田中俊大

専門学校卒業後都内パティスリーで洋菓子の修業を積む。「ジャニスウォン」、「ジャンジョルジュ東京」、「ラトリエアマファソン」でデザートやパフェの経験を広げ、2022年独立。日本茶と国産果物、両者のフレーバーの多様さと組み合わせの可能性をテーマに、デザートを基調とするイノベーティブコースメニューを提供。

**VERT**
東京都新宿区津久戸町3-19　DeLCCS神楽坂津久戸町2F-A

## 中山洋平

専門学校卒業後、「ホテル日航東京」等を経て渡仏し、オート・サヴォワやパリのパティスリーで修業。帰国後「銀座菓楽」、「ルエールサンク」のシェフパティシエを務め、2014年独立。2020年豊洲ベイサイドクロス店オープン。シンプルな構成とバランスの工夫で素材をストレートに感じさせる菓子作りを得意とする。

**エクラデジュールパティスリー**
東京都江東区東陽4-8-21　TSK第2ビル1F

## 平野智久

専門学校卒業後、大阪のパティスリーで7年ほど経験を積み、フランス料理店のデザート部門に2年勤務。その後カフェなどの立ち上げを数店舗経験したのち2018年に独立。焼き菓子を得意とし、季節のフルーツとキッシュをメインとしたメニューを展開。既成概念を取り払ったシンプルで無駄の出ないレシピの考案に注力する。

**公園と、タルト**
大阪府高槻市芥川町4-20-6

## 宮木康彦

専門学校卒業後「青山アクアパッツァ」で経験を積み、イタリアに渡る。トレンティーノ・アルト・アディジェ州やプーリア州などで修業を積み帰国。2008年独立。家庭の味をベースとするイタリア料理の精神を大切にしながら、繊細な温度や香りをいかしたレストランならではの表現を追求。

**モンド**
東京都目黒区自由が丘3-13-11

## 山内敦生

専門学校卒業後「ベルグの四月」に入店し8年間修業を積む。その後渡仏しパティスリーで研鑽を積み、一時帰国の後、ルクセンブルクのパティスリーに勤める。帰国後再び「ベルグの4月」に入店し10年ほど勤め、2022年に地元愛知県稲沢市で独立。シンプルな構成で素材の持ち味を伝える菓子を得意とする。

## 山内ももこ

専門学校卒業後「パティスリー・ドゥ・シェフ・フジウ」で5年ほど修業し渡欧。ルクセンブルクのパティスリーで研鑽を積む。帰国後神奈川県のパティスリーに4年ほど勤めた後、夫の敦生氏とともに「菓子工房ichi」を開店。本書で紹介したギモーヴはももこ氏がレシピの調整を重ねて完成した品で、製造もブレがないよう必ずももこ氏が行う。

**菓子工房ichi**
愛知県稲沢市一色川俣町150-1

## やまだまり

「アフターヌーンティー・ティールーム」の菓子・デザート製造スタッフとして菓子作りの経験を積んだ後、神戸・北野のフランス料理店デザート部門に勤務。その後、同・元町の食料品店「ネイバーフード」に勤め地産地消への造詣を深める。2016年頃から菓子屋マツリカとして自家製菓子の販売を開始。2022年実店舗を構え、週末の店舗営業とファーマーズマーケットへの不定期出店を行う。

**菓子屋マツリカ**
兵庫県神戸市中央区下山手通9-4-11 島ビル1F

## 渡邊世紀

専門学校卒業後、栃木県と茨城県の洋菓子店数店で経験を積む。2018年、修業時代に慣れ親しんだ宇都宮で独立。果物のほか、チーズやハーブなどを含め地元産の素材をふんだんに使い、フランス菓子をベースに自分らしい味と造形の表現に挑戦する。店名は自身の名前をフランス語で表記したもの。

**パティスリーシエクル**
栃木県宇都宮市東宝木町9-20　レジデンス東宝木1F

**デザイン** 鷹觜麻衣子
**撮影・編集** 松本郁子

**主要参考文献**（p.6 〜 15）
『まるごとわかるイチゴ』誠文堂新光社 ,2017
『農耕と園芸 2021 年冬号』誠文堂新光社 ,2021
『NHK 趣味の園芸 12 か月栽培ナビ (5) ブルーベリー』NHK 出版 ,2017
『人気のベリーを楽しもう』関塚直子（監修）主婦の友社 ,2007
『ベリーの文化史』ヴィクトリア・ディッケンソン（著）冨原まさ江（訳）原書房 ,2022
『ベリーの歴史』ヘザー・アーント・アンダーソン（著）冨原まさ江（訳）原書房 ,2020

風味を活かした焼き菓子、生菓子から、ジャム、かき氷、デザートまで。
ベリーの種類・品種解説付き

# ベリーのお菓子とデザート

2023 年 12 月 18 日　発　行 NDC596

| | |
|---|---|
| 著　　　者 | 荒井昇、遠藤淳史、金井史章、川手寛康、栗田健志郎、小山千尋、昆布智成、髙橋雄二郎、田中俊大、長屋明花、中山洋平、濱村浩、平野智久、宮木康彦、山内敦生、山内ももこ、やまだまり、渡邊世紀 |
| 発　行　者 | 小川雄一 |
| 発　行　所 | 株式会社 誠文堂新光社 |
| | 〒113-0033 東京都文京区本郷 3-3-11 |
| | 電話 03-5800-5780 |
| | https://www.seibundo-shinkosha.net/ |
| 印刷・製本 | 図書印刷 株式会社 |

ISBN978-4-416-52357-5